LE BUGIE DEL DENARO:

CHI SEI?

DR. LISA COONEY

TESTIMONIANZE

Semplicemente, il migliore!

La dott. ssa Cooney è una terapeuta eccezionale, con metodi compassionevoli e utili. È un'eccellente risorsa per chiunque abbia bisogno di aiuto e anche un grande supporto per il recupero dalla dipendenza.

La dottoressa Lisa è stata un'ottima scelta per quello che cercavo e per quello di cui ho bisogno in un terapeuta. Mi sfida quando ho bisogno di essere sfidato, ascolta quando ho bisogno di qualcuno che mi ascolti e si confronta con me tra una sessione e l'altra per assicurarsi che stia facendo progressi. Ho anche l'impressione che abbia personalizzato il suo approccio alle nostre sessioni in base alle mie esigenze individuali, il che mi dà fiducia nelle sue capacità e mi aiuta ad avere fiducia nei suoi consigli.

La dottoressa Lisa (come viene più comunemente chiamata) è una terapeuta guaritrice/praticante dotata che ha davvero la capacità di canalizzare esattamente ciò di cui ha bisogno ciascuno dei suoi clienti, che si tratti di una tradizionale terapia della parola o di qualcosa di insolito. È un'ascoltatrice eccellente, empatica, intuitiva e comprensiva. Sente le cose con te. Lavora per capire.

La dott. ssa Cooney è molto attenta e fornisce il formato terapeutico che corrispondeva alle mie aspettative su come la terapia avrebbe dovuto essere strutturata per trovare valore in essa. Ha ascoltato i miei risultati desiderati e le cose che hanno funzionato per me in passato, e ha modificato il suo approccio alle nostre sessioni per soddisfare tali richieste. Ogni tanto fa un follow-up tra le nostre sessioni per controllare e trovo che vada oltre ogni limite considerando quanti pazienti deve vedere. Ha anche modificato il suo programma per adattarsi a me quando ho avuto un conflitto qualche giorno prima della nostra sessione programmata ed è stata in grado di riprogrammarla rapidamente in modo che non rimanessi indietro nei miei progressi. Nel complesso, consiglierei vivamente

la dott. ssa Cooney per la sua combinazione di profes-
sionalità/personalizzazione e la sua chiara competenza
negli argomenti di cui volevo discutere.

La dottoressa Lisa è empatica, comprensiva e incredibilmente efficace. Non mi sono mai trovato così bene
con un terapeuta. Sono rimasto sinceramente sorpreso
da quanto bene e quanto velocemente sia riuscita a
capirmi e ad aiutarmi. Non posso che consigliarla vivamente , mi ha davvero aiutato a cambiare la mia vita in
meglio.

RINGRAZIAMENTI

Grazie a tutte le culture, i paesi e le persone che mi hanno invitato a facilitare questo workshop Lies of Money nella vostra terra natia. È stato un grande privilegio facilitare il cambiamento nella vostra lingua, nel vostro paese e nel vostro rapporto con il denaro, avanti e indietro.

Liberarsi dalle nostre gabbie finanziarie culturali ed etniche è importante quanto creare la propria realtà finanziaria. L'abuso, in qualsiasi forma, non ha posto su questo pianeta. Ciò include l'abuso che fai a te stesso essendo qualcun altro con i tuoi soldi, pensando qualcos'altro di te e comprando la narrazione che non ti si addice mai. Cambia te stesso e cambierai il mondo intorno a te.

Ora, vai a ricevere ciò che l'universo è disposto a dare. Prendilo, non importa cosa! Ti sfido...

Questo libro è dedicato a tutti voi là fuori che state lottando
con i soldi.
Per tutti voi che pensate che il debito o la preoccupazione
finanziaria in cui vi trovate sia un grande buco nero dal
quale non riuscirete mai a uscire o a superare.
Per tutti voi che vi sentite persi, confusi, immobili,
terrorizzati e impotenti nel cambiare la vostra realtà
finanziaria, condivido queste parole con voi come un faro
per aiutarvi a superare il momento. Voi
può fare una scelta diversa.
Puoi avere la vita che desideri.
Puoi creare il denaro, i contanti, le valute, gli investimenti e
le vacanze che preferisci.
Scegli tu
Impegnati con te
Collabora con coloro che cospirano per benedirti
Crea te stesso

INTRODUZIONE

Ora hai tra le mani una miniera d'oro.

Come minimo, un mucchio di soldi e di denaro contante, come preferisci (perché, come ho scoperto con migliaia di clienti in tutto il mondo, c'è differenza).

Ma questo libro non parla solo di soldi... Parla delle bugie del denaro.

E, a dirla tutta, se non si arriva in fondo alla questione, si rimarrà intrappolati come una palla legata a un filo e a un palo, continuando a girare sempre nella stessa orbita.

Potresti sorprenderti nel sapere che queste bugie sui soldi non hanno nulla a che fare con il denaro o i contanti effettivi, ma hanno tutto a che fare con ciò che usi per creare il tuo "flusso di denaro" - o la sua mancanza - nel tuo conto in banca, nel tuo portafoglio, nei tuoi investimenti, nel tuo libretto degli assegni e nel tuo portafoglio in questo momento.

In altre parole, tutto si concretizza nella tua realtà finanziaria.

Ti sembra un'impresa enorme o un po' opprimente?

Se è così, sarai felice di scoprire, come le persone che hanno partecipato personalmente a questi workshop, che tutto ciò che serve per iniziare a creare una nuova realtà finanziaria per te stesso è uno spostamento di un grado.

E chiunque può farlo, anche tu.

Come vedrai, una volta che ci entri dentro e guardi, la gabbia di bugie e limitazioni inizia a tremare e poi crollare.

E poi la verità inizia a essere. Quindi, come si collega questo al denaro?

Perché il denaro è un'energia, proprio come tutto il resto. Noi siamo energia. Abbiamo ATP in ogni cellula del nostro corpo, Adenosina Trifosfato. Questa è l'energia spirituale, l'energia della nostra impronta animica.

Noi veniamo in una forma. Il denaro viene in una forma. Siamo tutti energia, però, ma la rendiamo separata con queste bugie.

Il problema non sono i soldi: lo siamo noi.

Non ha niente a che fare con niente di esterno e tutto a che fare con ciò che è dentro di te e con i tuoi sistemi di credenze. Ha a che fare con ciò che pensi di esso, ciò che proietti su di esso, ciò che gli fai significare per te, ciò con cui ti definisci e se lo hai o meno.

Questo libro è pieno di lezioni che ho tratto da alcuni fantastici workshop, o "Taster", come li ho chiamati, sulle bugie del denaro che ho tenuto in varie parti del paese.

Sfortunatamente, ci sono certe bugie sui soldi che fluttuano insidiosamente tra gli individui, le loro famiglie e le loro culture, tramandate di generazione in generazione. In oltre 20 anni di pratica privata, pratica di gruppo e pratica internazionale, ho visto che i soldi sono una delle tre ragioni principali per cui le persone vengono da me (le altre sono la salute e le relazioni).

Ho iniziato a notare che c'era uno schema ricorrente nei miei clienti che avevano lo stesso "problema attuale", ovvero riuscivano a creare denaro, ma non lo tenevano o non lo possedevano mai.

Altri ritenevano di non poter creare denaro e, di conseguenza, di non poterlo avere.

Se stai leggendo questo libro, sospetto che troverai la tua esperienza da qualche parte in queste pagine e, di conseguenza, inizierai ad avere il tuo spostamento di un grado. E quando lo farai, avrò fatto il mio lavoro.

Perché le bugie del denaro riguardano il confronto con queste tre domande:

- *Chi sono?*
- *Cosa sto diventando?*
- *A quale bugia sto credendo e che ho trasformato in realtà?*

Fidatevi, non è un lavoro per i deboli.

Ma è per coloro che sono pronti a vivere il vostro ROAR®, quello che io chiamo la vostra Realtà Radicalmente Orgasmicamente Viva.

È un lavoro per il malvagio ROAR® dentro di te che dice: "Basta. Non vale più la pena nascondersi dietro quelle bugie".

E, sai, non lo è davvero. Quindi, vieni a prendere i tuoi soldi...

Perché il denaro nelle tue mani cambierà il mondo.

FISSANDO LO ZERO

"Stasera vi darò solo un piccolo assaggio delle Bugie del Denaro", ricordo di aver detto al mio vivace pubblico a Maui quando ci sono andato per un workshop sulle Bugie del Denaro. È stato un workshop rigoroso lungo cinque giorni in cui abbiamo cercato di liberarci di strati e strati di traumi, giudizi, autogiudizi e molto altro per tutte le persone che erano venute per l'esperienza. È sempre un privilegio e un'enorme responsabilità quando le persone ripongono la loro fiducia in te e si aspettano che le loro ferite più intime guariscano grazie alla tua virtù. E poter condividere la storia di quel workshop è un'altra benedizione che mi consente di entrare in contatto con te, il mio pubblico di lettori. Quindi eccoci qui...

È così interessante quando parliamo di soldi perché porta con sé questa energia di immobilità . Ci sono tre bugie principali sui soldi e, se le guardi, scoprirai che sono queste supposizioni dentro di te che creano la realtà finanziaria che in realtà non sei tu.

Ma tu credi che sia tu.

Ora, questo potrebbe turbarti per un attimo e potresti sentirti perso.

Spero che leggendo questo articolo la vostra mente si allarghi, perché ciò che abbiamo fatto a noi stessi riguardo al tema del denaro è stata l'eliminazione radicale della nostra fenomenale brillantezza creativa.

Quindi, cosa ti dà il denaro in questa realtà? Ti dà libertà? Ti permette di fare una buona scelta? Ti dà qualcosa di lussuoso? Cos'altro ti dà? Risate?

Probabilmente, pensi che ti dia sicurezza, intrattenimento, lusso e così via. Ed è quello che hanno detto i miei partecipanti a Maui.

In verità, questa realtà funziona con i soldi, eppure così tante persone hanno tenuto i soldi lontani da sé per tante bugie diverse. E affronterò tre di queste bugie che funzionano come un buco nella tua tasca.

Ora, immagina i soldi. Personalmente, tengo i miei soldi al sicuro nel portafoglio, spesso accompagnati da banconote da cento dollari, il tutto tenuto insieme da una molletta per soldi in oro 14 carati. È pesante, nemmeno il vento riesce a portarlo via.

Quando guardo questo denaro custodito in modo sicuro, mi sento felice. Quando lo tengo in mano, mi sento potente. Mi sento creativo. Mi sento edificante quando faccio un po' di shopping e uso un po' di denaro.

Quando tengo questi soldi nel portafoglio, so che tutto è possibile. Quando mi guardo allo specchio, so che tutto è possibile. Quando guardo l'oceano, so che tutto è possibile.

Tuttavia, la maggior parte di noi guarda al denaro e sceglie di credere che tutto sia impossibile se non lo si possiede.

Quindi, questa è la prima bugia del denaro: molti di noi credono che questo pezzo di carta abbia potere su di noi, che sia più forte di noi, più di noi. Ha autorità su di noi. Ci possiede.

Guarda come lo stai guardando in questo momento. Guarda cosa sta emergendo nel tuo corpo in questo momento mentre lo guardi. Ascolta la tua mente e cosa stai dicendo mentre lo vedi:

- *A cosa stai pensando?*

- *Cosa stai giudicando?*
- *Cosa hai deciso?*
- *Cosa hai concluso?*
- *Cosa hai calcolato? E...*
- *Come hai forse concepito il fatto che il denaro sia una divinità di questa realtà, a cui devi inchinarti e giurare fedeltà per averlo?*

È una bugia.

Non c'è niente che tu debba fare o essere per avere questo qui. Devi semplicemente scegliere di essere o fare ciò che è giusto per te. Quindi, questa è la prima bugia del denaro.

La seconda bugia è più o meno questa: diciamo che hai portato i tuoi soldi alla consulenza di coppia. Metti i soldi sulla sedia (e hai la tua sedia) e il terapeuta ordina a te e ai tuoi soldi di avere una conversazione sulla vostra relazione reciproca, usando messaggi "Io".

Se ti parlasse, cosa ti direbbe? Quanto bene verrebbe trattato da te? È l'amante che dorme sul divano e, quindi, non è l'amante?

È quello che ti abbandona e preferisce andare al bar per passare del tempo con i suoi amici, invece di stare con te? O sei tu quello che esce e va al bar per essere con i tuoi amici e non volerci stare? Potresti anche solo immaginare che i soldi sarebbero il tuo amante?

Questa è la seconda bugia di cui parleremo, che il denaro è il tuo carnefice, il tuo carceriere, e tu ne sei lo schiavo. E che, a meno che tu non lo abbia, non puoi scegliere oltre a ciò che stai scegliendo in questo momento. Che non ti darà mai ciò di cui hai bisogno.

In questa bugia, la criticherai sempre. Sarai sempre scettico nei suoi confronti. Non ti fiderai mai. Vorrai tradirla . Vorrai abbuffartene. Non la risparmierai mai. Non la avrai mai. La spenderai sempre. Non sceglierai mai di circondarti di essa.

Ti accorgi che c'è un tema in tutto questo? Questo tema è dentro ognuno di noi, dentro ognuno di voi.

Quindi, la prima bugia è che il denaro è dio e tu sei meno di. La seconda bugia è che il denaro è il tuo carnefice, il tuo eterno carceriere, e non puoi averlo.

E la terza bugia qual è? Riesci a indovinarla?

Quando ho posto questa domanda nel mio workshop, tutti i partecipanti hanno dato le loro risposte uniche, e nessuna era sbagliata. Quindi, hanno risposto con cose come "Non avrai mai abbastanza soldi".

"Il denaro è il male."

" Bisogna lavorare duro per ottenerlo."

"I soldi non possono comprarmi l'amore."

E tutto questo è accurato al cento per cento e vero per le persone che lo sentono e per ciò che è vero in questa realtà. Queste bugie formano interi sistemi di credenze. Sono giudizi. Sono cose che abbiamo deciso, giudicato, concluso, calcolato e configurato la nostra realtà, compresi i nostri conti in banca, le nostre relazioni , i nostri corpi, i nostri lavori, le nostre faccende, i nostri vestiti e tutto il resto.

Stabiliscono quando possiamo andare alle Hawaii, quando non possiamo, cosa mangiare, quando possiamo andare al Whole Foods o al Safeway, o in qualsiasi altro posto.

Ma sono tutti sistemi di credenze.

La terza bugia è che *il denaro è un problema* .

Il problema non sono i soldi: siamo noi. Ciò che pensiamo di loro, ciò che proiettiamo su di loro, ciò che gli attribuiamo significato, ciò con cui ci definiamo, che li abbiamo o meno.

Queste non sono tutte le bugie del denaro, ma sono le tre bugie del denaro che mi sono venute molto chiare durante il mio viaggio personale. E sono il nucleo di questo libro.

2

TOCCARE IL FONDO

Ora, che mi abbiate visto parlare o meno, probabilmente sapete che di solito inizio con una struttura o uno schema di ciò di cui parlerò, e poi circa dieci minuti prima dell'inizio della lezione, lo butto nella spazzatura perché mi connetto con l'energia di ciò e di chi entra e si presenta.

Ascolto ciò che i corpi, gli esseri, l'energia di tutti i partecipanti insieme, possono sentire e desiderano sentire. Questo è più importante di qualsiasi schema, almeno per me, che potrei elaborare. E poi, anche se l'ho buttato via, lo ricollego sempre per il bene della struttura e della coerenza.

Ora, come faccio? Parte di ciò deriva dalla mia licenza e dai miei titoli di Dottore in Psicologia e terapeuta e di terapista del trauma e somatico. Viaggio all'estero, ho un programma radiofonico e faccio workshop (lavoro sul corpo, lavoro sull'energia) in tutto il mondo.

Ma ci sono un paio di altre cose che mi hanno contraddistinto, per essere in grado di entrare in una classe, buttare giù il mio schema e parlare e parlare di ciò che c'è qui nella stanza, e questo si basa sull'energia. Per rispondere al come, permettetemi di condividere con voi alcune cose che hanno lasciato segni indelebili su di me.

Circa 15 anni fa, mi è stata diagnosticata una malattia mortale. È stato allora che ho capito di avere un grosso problema con i soldi. Se ti ammali, scoprirai che la tua assistenza sanitaria negli Stati Uniti non copre le tue scelte naturopatiche. Potresti facilmente incassare la tua pensione, la tua casa, i tuoi investimenti, il tuo portafoglio e così via. Ed è esattamente ciò che ho scelto di fare consapevolmente, e sono ancora qui.

Quando mi hanno diagnosticato per la prima volta, il medico ha detto che il massimo che potessi fare era vivere di farmaci per il resto della mia vita, e che avrei dovuto asportare un organo o due, forse tre o quattro una volta che fossero entrati. Chi lo sapeva? Quindi, mi hanno dato tre opzioni: ucciderlo, vivere di farmaci o farlo asportare.

All'epoca avevo circa 30 anni e dissi all'endocrinologo: "Beh, deve esserci un'altra opzione".

Non lo dimenticherò mai perché è stato uno dei motivi principali per cui ho adottato misure energetiche per curarmi, cambiare e fare scelte diverse nella mia vita, diverse possibilità, a livello fisico, emotivo, spirituale, finanziario ed energetico.

Mi ha detto che non c'era altra scelta. Non c'era altro possibile.

Così me ne andai e non lo vidi mai più, cosa che mi portò al Theta Healing® Institute (ora nel Montana), dove rimasi per tre mesi.

In tre settimane, ho curato la malattia. Ci è voluto un po' più di tempo per curare tutto il corpo da tutti i problemi. Questo perché la guarigione energetica e la medicina naturale guardano in modo olistico all'intero corpo.

D'altro canto, l'endocrinologo usa la medicina allopatica per esaminare solo il sistema endocrino e alcuni organi e sistemi correlati del corpo. Non sto necessariamente parlando male degli endocrinologi o della medicina allopatica. Io li uso ancora. Questa è solo la mia esperienza.

Quando ho fatto quella scelta e ho visto cosa poteva succedere con l'energia, ho capito che c'era qualcos'altro in questa vita che stava succedendo energeticamente. Quindi, ho scelto di cambiare la mia intera pratica da un tradizionale Dottore in Psicologia e sessioni settimanali a una maggiore facilitazione di gruppo, lavoro energetico, guarigione energetica e entrare nei sistemi di credenze e nelle limitazioni di ciò che pensiamo psichicamente e psicologicamente che crea il malessere e la malattia nel corpo.

Bene, quindi tutto questo come si collega al denaro?

Beh, avevo bisogno di fare più soldi. Mi è costato circa un milione di dollari curarmi. Ero malato. Ero nello studio del naturopata probabilmente due o tre volte a settimana, otto ore al giorno, per farmi fare esami per questo e quello. Iniezioni, flebo, tutto. E allo stesso tempo, andavo all'istituto per conseguire il mio master, perché, ovviamente, mi serviva un'altra laurea.

Ma, nel frattempo, ho visto questa bolletta aumentare e la mia pensione scendere. Ho visto la casa e il terreno che volevo costruire, il piano e tutto ciò che avevo impostato per la mia vita iniziare a crollare a 30 anni. Ho pensato che fosse la fine.

E poi arrivò la vera fine... Zero.

Forse sai a cosa mi riferisco.

Il mio saldo in banca, sì.

Ho raggiunto quel punto "zero" ed ero terrorizzato. Sono cresciuto a New York. Mio padre lavorava sodo quando era nel settore immobiliare. Ci ha fatto studiare all'università. Abbiamo sempre avuto un lavoro. Abbiamo sempre lavorato. Abbiamo sempre avuto i nostri soldi. Abbiamo sempre imparato. Ci ha insegnato come risparmiare, cosa fare, tutte quelle cose.

Non avevo mai avuto familiarità con lo "zero".

Lavoro da quando avevo nove anni. Amavo il mio piccolo giro di consegna dei giornali. Mia madre aveva una station wagon di legno e ci guidava. Comunque, era divertente. E adoravo il Natale. Sai, i consigli di Natale.

Amo l'odore dei soldi. Amo il sapore dei soldi. Li assaggerei e li odoravo letteralmente. Durante le mie estati al college, lavoravo in banca ; ogni venerdì, andavamo nella cassaforte. Mi sedevo lì e annusavo e respiravo i soldi.

Mio padre era un imprenditore. Io sono un imprenditore. Non ho più lavorato per nessuno da quando avevo vent'anni e passa. Mi disse molto giovane: "Lisa, non è solo un mondo di uomini. È un mondo di donne. Fai solo ciò che ami. Lavora sempre per te stessa. Sii il tuo capo e vai là fuori a fare qualche milione".

Era un ragazzo povero di Brooklyn. Ottenne una borsa di studio per il college di football, poi andò nell'esercito e ricevette un'istruzione anche in quel modo. Era un immigrato irlandese di seconda generazione. Mia madre era un'immigrata italiana di seconda generazione. Lavorare sodo faceva parte della cultura. L'istruzione faceva parte della cultura. Lavoravano tutti a New York, quel genere di cose.

Sono andato in California e ho indossato le mie Birkenstock, ma il denaro era un mio amore. Ho avuto una storia d'amore con il denaro. Sai che odore ha? Che sapore ha? C'era qualcosa in esso. E attribuisco davvero questo a mio padre. Mi ha mostrato il potere di fare affari, seguire la parola data e collaborare con gli altri.

Lui aveva sedici o diciassette diversi palazzi di appartamenti contemporaneamente. Il mio lavoro era contare i soldi e metterli in pile di contanti sul tavolo nel suo ufficio al piano di sotto, nel seminterrato. Non volevo fare altro. Non volevo andare da nessun'altra parte. La gente può andare a giocare. Possono andare a giocare a travestirsi. Possono andare al centro commerciale, fare quello che diavolo vogliono, ma io volevo stare vicino ai soldi. Volevo annusarli, assaggiarli. Se avessi potuto metterli in giro, l'avrei fatto.

Poi ho raggiunto i trenta e sul mio conto in banca non avevo più niente.

Dove sarei andato a vivere se fosse continuato così? Cosa avrei mangiato? Cosa avrei raccontato a mia madre? Come avrei raccontato a mio padre?

Più in particolare, come potevo guardarmi allo specchio? Voglio dire, a quel punto, avevo il mio master. Ero il coordinatore terapeutico di un centro di cura in Arizona. Avevo un po' di controllo.

Poi mi sono ammalato.

E quando ti ammali, il tuo mondo cambia completamente.

Quindi ho dovuto guardare quello "o" più e più volte e fare una scelta perché potevo morire.

Avrei potuto tornare a casa, il che mi avrebbe ucciso, ma potevo tornare a casa.

Potrei andare da un amico. Potrei vendere tutto.

Potrei continuare a lavorare. Potrei lavorare di più, ma è stato difficile lavorare essendo malato.

Quindi, cosa avrei dovuto fare?

Fu allora che iniziai a chiedermi: "Ok, come fa qualcuno che è così sano a ammalarsi così all'improvviso?" Non dovevo essere stato così sano. La malattia non si presenta da un giorno all'altro. Potresti ricevere una diagnosi da un giorno all'altro, ma una malattia si sviluppa nel corso di anni e decenni. Fu allora e in quel modo che l'universo mi diede i segnali. In quel momento, seppi che dovevo cambiare la mia realtà, inclusa la mia realtà finanziaria.

C'erano delle bugie con cui vivevo che in qualche modo creavano questa malattia, attualizzandola come una malattia nel mio corpo, in realtà un punto di scelta tra vivere o morire. E tutto questo perché l'unica cosa che non mi è mai mancata è stata portata via.

Se non mi avessero portato via i soldi e non fosse arrivato quello "zero", voglio che tu capisca questo: non avrei ascoltato. Avrei continuato a vivere come stavo perché non c'era nessun problema, giusto?

Beh, a quanto pare c'era un grosso problema.

Per essere sincero, tendevo ad accumulare denaro. Confesso di avere un affetto genuino per esso. Davvero. Credo che quando possiedo e spendo denaro, sto influenzando la coscienza di qualcosa.

Mentre mi dedico al mio lavoro, il mondo intero prende vita: India, Hong Kong, Taiwan, Hawaii, California, Colorado, Florida e qualsiasi altro posto in cui ho tenuto lezioni. Quando vivi un momento di consapevolezza, quel momento "aha", sono soldi ben spesi per portarmi qui. Contribuiscono alla crescita della coscienza. Non so nemmeno cosa accadrà, ma in qualche modo aumenteranno il mio conto in banca.

In effetti, mi accrescerà a tutti i livelli: energeticamente, psichicamente, spiritualmente, psicologicamente e finanziariamente. Voglio tutto. Ma non lo voglio solo per me, lo voglio per tutti noi.

Come ho detto prima, voi siete le persone di cui abbiamo bisogno su questa Terra e di cui ho bisogno per avere soldi. Ho bisogno che abbiate soldi. Desidero che abbiate soldi. Non solo per spenderli ma per averli, per cambiare la coscienza su questo pianeta perché ho un obiettivo più grande delle persone che vedo per poche ore.

Il mio obiettivo è eliminare e sradicare ogni forma di abuso da questo pianeta e garantire che tutti gli individui possano scegliere di vivere una vita radicale e orgasmica .

Sapete quanto abuso finanziario c'è su questo pianeta? Quanti di voi sono stati abusati finanziariamente? Anche se mio padre mi ha insegnato tutte queste cose, c'era anche una grande bugia nella mia famiglia.

Ero una modella bambina a New York, e ci sono stati atti ed eventi indicibili a cui sono stata costretta a partecipare a quell'età molto giovane. Le persone venivano pagate per gli atti a cui ero costretta a partecipare, e io non venivo pagata.

Ma mi è costato molto 30 anni dopo.

Non dovete avere una storia estrema. Alcuni di voi saranno in sintonia con ciò che ho detto, altri non ne avranno la minima idea. Non sto dicendo: "Ehi, vieni qui e fai queste esperienze".

Ma la questione dei soldi, sì, vorrei che vi bagnaste tutti di soldi. Metteteveli addosso e avvolgetevici intorno. In realtà, questa è la vostra mossa casalinga: andate a prendere quante più banconote da cento o cinquanta dollari potete. Metteteci un po' di colla e ricopritevi di soldi.

Ok? Fallo e divertiti. Puoi invitare qualcuno, chiunque tu voglia. Speriamo che, se sei sposato, sia la persona accanto a te, ma forse vuoi qualcun altro accanto a te.

Vuoi invitare qualcos'altro dentro, ecco di cosa sto parlando, una realtà radicalmente, orgasmicamente , viva. Il denaro non deve essere un argomento così pesante. Nella mia situazione estrema, credimi, non è stato divertente. Tuttavia, ecco cosa succede quando uno si è voltato e ha guardato, è entrato e ha ripulito.

Essere in grado di stare qui e pensare di avere qualcosa da condividere. Devo voltarmi e guardare.

E sapete cosa? In fondo, oggigiorno, è come se mio padre mi avesse fatto un regalo. Mi ha insegnato che i soldi non sono una questione di genere. Non sono una questione di provenienza, istruzione o formazione. Non sono nemmeno una questione di dover lavorare sodo.

Si trattava di scegliere di essere ciò che volevi essere.

Mio padre lavorava sodo e giocava sodo. Sono stato a più Super Bowl e più eventi sportivi di quanti potrei mai raccontarti. Mio padre era un fan degli Yankees, quindi eravamo lì ogni mercoledì, venerdì e weekend. Era un fan del football dei New York Giants. La domenica eravamo lì. Hockey, New York Rangers, lunedì, mercoledì, venerdì. E ci trascinava al Madison Square Garden, New York Knicks. Ecco cosa facevamo.

Lo disse a tutti i miei amici. Mio fratello, mia sorella e io dovevamo invitare due o tre amici con i suoi biglietti. Lui usciva per strada per comprare un posto a sedere da 5 $ in modo che tutti i suoi figli e i loro amici potessero andare alle partite. Non era necessariamente perché aveva un sacco di soldi; era semplicemente il modo in cui aveva scelto di vivere. Anche se non è più con noi, sono eternamente grato per quei momenti.

Nei miei 25 anni di pratica terapeutica a livello internazionale, nazionale e locale, non ho mai incontrato nessun altro che fosse stato educato in un modo così unico quando si trattava di soldi. È una realtà insolita.

Ma quando la malattia mi ha colpito e ho toccato il fondo, quella brillantezza, quella gioia, quel sorriso contagioso di cui parlo spesso si sono persi: tutto è svanito quando mi sono trovato di fronte a quel punto morto finanziario.

Avrei potuto soccombere all'essere una vittima, una persona che combatte contro la malattia, disperata, che lascia andare tutto, senza più alcun desiderio di aiutare nessuno, nemmeno me stessa. Avrei potuto scegliere di rinunciare del tutto alla vita.

Ma ho deciso di abbracciare la vita perché, indipendentemente dalle nostre storie individuali o dalle esperienze passate, non importa quanto siano state difficili, manteniamo comunque il potere di scelta. La domanda che ci troviamo ad affrontare è questa: scegliamo di vivere in una realtà definita da bugie o in una costruita sulla verità? Ci concentreremo sull'abbondanza o sulla scarsità? Quale realtà vuoi creare?

Capisco che potrebbe sembrare eccessivamente semplicistico. Fidati, lo capisco, soprattutto quando ti senti intrappolato nelle sabbie mobili, intrappolato in una bugia. La falsità sembra così concreta che la ricrei ripetutamente senza volerlo. Si solidifica, rendendo sempre più difficile immaginare qualcosa di diverso.

Ecco la vera domanda: stai sorridendo? Trovi felicità nell'abbracciare le bugie del denaro?

In caso contrario, cerca quella piccola molecola nel tuo corpo, quell'innocenza infantile che mio padre mi ha instillato: un'innocenza verso la creazione, gli affari, il lavoro, il divertimento, la gioia e la scelta di essere il mio capo. Non devi necessariamente essere il tuo capo, ma puoi abbracciare quella mentalità anche se lavori per qualcun altro. Si tratta di scegliere di vedere le possibilità piuttosto che concentrarsi sui limiti. Tutto è possibile.

Questo è uno scorcio della mia storia, ma che dire delle tue bugie sui soldi? Quali scelte potresti rifiutare mentre accetti le bugie sui soldi che ti stai raccontando... le bugie che stai scegliendo attivamente? E qual è il vero costo del credere ostinatamente a queste bugie sui soldi? Cosa faresti se fossi seduto al computer come me quel giorno, a fissare lo zero, impazzendo, pianificando il tuo piano B, la tua strategia di uscita?

Data la tua attuale situazione finanziaria, quali scelte o creazioni potresti fare?

Ed ecco la mia bugia preferita, e la domanda: in quale realtà finanziaria stai vivendo?

Quando ero al mio punto più basso, ho dovuto chiedermi: "Cosa amo dell'essere a zero? Cosa amo dell'essere in uno stato di dramma e catastrofe? Cosa amo dell'essere malato? Cosa amo del morire? Da cosa muoio dalla voglia di uscire? Di cosa sono stufo?"

Non "Puoi portarmi fuori a prendere un caffè perché non ho soldi e sono davvero spaventato, e il mio capo è una stronza, e non posso andare dai miei genitori perché sai che mi odiano e userebbero la cosa contro di me per il resto della mia vita... e, e, e, e..."

Niente di tutto ciò.

Per comprendere veramente la tua situazione, devi chiederti: "Cosa sto facendo per creare questo? Quali scelte sto prendendo che perpetuano questi schemi? Perché mi sto impegnando in comportamenti che mi fanno sentire come se volessi rinunciare? Come mi sto lasciando ingannare? Quali azioni sto intraprendendo che limitano il mio potenziale?"

Questa auto-indagine è il lavoro impegnativo che dà origine a bugie e autoinganni. Le narrazioni che costruiamo agiscono come lenti colorate di negazione, proteggendoci dal confronto con la verità. Spesso preferiamo mantenere una facciata di superiorità e di avere ragione piuttosto che scavare nella realtà dietro la tenda.

Personalmente, per me è importante confrontarsi con la verità. Voglio guardarmi allo specchio e riconoscere l'autenticità piuttosto che inventare narrazioni. Anche quando mi sorprendo a inventare storie, le accetto con onestà. Ad esempio, se emerge la rabbia, faccio un'introspezione, chiedendomi: "Dove ho mostrato un comportamento simile?" Quando sorge un giudizio, rifletto: "Dove ho sperimentato quel giudizio?"

Mi sforzo di andare oltre queste costruzioni limitanti, sfruttando i trigger a mio vantaggio e trasformandoli in opportunità di crescita personale e finanziaria. Più avanti, condividerò alcune tecniche su come raggiungere questo obiettivo.

Ora, discutere di questi aspetti nel mio programma radiofonico settimanale a un pubblico di 205.000 persone in tutto il mondo ha richiesto coraggio. Nonostante le mie credenziali nella comunità sanitaria, specialmente con pratiche come Theta Healing®, che implica il lavoro con l'energia creativa dell'universo, riconosco che abbracciare approcci non convenzionali può essere scoraggiante.

Nonostante possieda licenze e titoli nel campo della salute convenzionale, adotto una prospettiva più ampia. Queste credenziali, sebbene preziose, non mi confinano in una casella strutturata. Invece, servono come risorse, attirando l'interesse di un pubblico globale e aprendo le porte a collaborazioni e opportunità. Il messaggio qui non è di vantarsi, ma di sottolineare l'importanza di sfruttare a proprio vantaggio qualsiasi competenza e risorsa possiedi.

In sostanza, tutti possiedono qualcosa di prezioso. Si tratta di riconoscere e utilizzare quelle qualità uniche per creare una realtà che vada oltre i limiti.

Ognuno di voi è pulito e brillante. Ho scritto la mia tesi su questo, quindi lo so. Si chiama impronta dell'anima, proprio come la nostra impronta digitale è unica per ognuno di noi. Quella è la vostra impronta dell'anima. Ognuno di voi ha un'impronta dell'anima unica da imprimere sulle labbra della realtà.

Il mio capita di essere parte di ciò che sto facendo qui oggi. Il tuo è qualsiasi cosa tu faccia o sia – o ciò che ti rifiuti di fare o essere – ma ce l'hai.

3

QUALE REALTÀ FINANZIARIA STAI VIVENDO?

Quindi, come si fa a diventare responsabili della propria realtà a ogni livello, dal profondo della propria mente al mondo fisico tangibile in cui si vive ogni giorno? Possiamo iniziare dalla mente. Infatti, nel mio workshop, una delle partecipanti ha posto questa domanda cruciale. Ha detto: *"Beh, stavo solo pensando al problema subconscio dietro i soldi, non per dire che ho problemi di soldi. Puoi sempre ottenere più soldi, e potrei facilmente, quindi stavo pensando a cosa potrebbe semplicemente trattenermi, anche se facessi quelle domande e cose del genere. Come potrei farlo?"*

La sua domanda era fondamentale e la risposta sta nel porsi un'altra domanda fondamentale: in quale realtà finanziaria stai vivendo?

Prima di farti questa domanda, nota se il tuo corpo è leggero o pesante. E osserva il cambiamento che questa domanda porta nel tuo corpo.

Quando ho posto queste domande nel mio workshop, i partecipanti hanno dato risposte uniche.

"Ok, quindi in quale realtà finanziaria stai vivendo?"

"Mio zio."

"I miei genitori"

"Mio padre"

"Il mio talento"

E con le loro risposte, ognuno di loro ha sentito un cambiamento nella propria energia. Alcuni si sentivano più caldi, altri più freddi, alcuni leggeri, altri pesanti. Era una stanza piena di cambiamenti energetici; ecco quanto può essere potente una singola domanda.

Allora, caro lettore, quale realtà finanziaria stai vivendo?

Identifica cosa ti fa venire in mente e cerca di distinguere tra la verità e la/le bugia/e. Le bugie che sono state tessute dal mondo che ci circonda, dai nostri sistemi scolastici, dalle nostre madri, padri e capi.

Queste bugie influenzano molto la formazione della nostra realtà finanziaria.

Quindi, se la tua realtà finanziaria è tua, ottimo. Ma ovunque la tua realtà finanziaria abbia un limite o un tetto, quello è tutto ciò che puoi avere e niente di più. Dove hai deciso, "È mio. È mio. È mio. È mio. È mio. È mio. È mio. Ed è tutto ciò che può essere".

Ma dobbiamo distruggere questa mentalità, e sapete perché. Nel mio workshop, i partecipanti hanno trovato questo limitante. Uno di loro ha osservato molto saggiamente: *"Ci limitiamo a possedere qualcosa come nostra, e questo la fissa a tutto ciò che può essere e niente di più..."*

Ed è proprio così, è come dire, "Non ci muoviamo. Questo è mio, e basta". Bene, tutto ciò che è tuo e "basta" ha un po' di superiorità. E tutto ciò che ha superiorità potrebbe assomigliare un po' a Donald Trump.

So che sembra un giudizio esagerato, ma ecco il punto: Donald Trump aveva milioni di dollari e li ha persi. Milioni di dollari e li ha persi. Milioni di dollari e li ha persi. No, non voterò per Donald Trump quando dico questo, okay? È qui che mi sforzo e penso, okay, non mi piace, ma cosa posso imparare da lui?

E penso al suo business. Non lo conosco, ma penso, "Cosa posso imparare da qualcuno che non aspiro a essere come, a emulare qualcosa o che non mi piace nemmeno guardare. Cosa posso imparare da lui? C'è qualcosa in cui è brillante riguardo a soldi e business".

Non ho bisogno di avere soldi ed essere così, ma posso ricevere a livello molecolare e cellulare qualcosa che non conosco. In qualche modo lui è più bravo di me con i soldi, e io voglio essere migliore per me stessa in modo da poter cambiare il mondo dalla mia realtà finanziaria.

La realtà finanziaria di tutti ha qualcosa da insegnarci. Se hai qualcosa da insegnarmi a riguardo, lo permetterò e lo riceverò da te.

Oppure se non ti piace qualcuno, guarda dove ti spegni e allontanalo. Sai che ogni giudizio che ricevi e ogni giudizio che permetti attraverso di te aumenta o diminuisce il tuo conto in banca? I tuoi giudizi su te stesso e sugli altri consentono il flusso di denaro o lo rifiutano. Immagina quanti soldi avresti guadagnato se non avessi lasciato che i giudizi limitanti ostacolassero il tuo flusso di energia che è denaro. Eppure, ci ritroviamo tutti a giudicare le cose in modo limitante.

Quando ho chiesto ai partecipanti al mio workshop quali giudizi avessero su se stessi, hanno dato risposte diverse che penso molti di noi possano comprendere.

"Penso di essere il più orribile con me stesso. Sono gentile con tutti gli altri, ma non con me stesso, ed è lì che si apre."

"Non sono abbastanza bravo."

"Posso fare di meglio."

"Mi sento un fallito."

"Non sono abbastanza bravo. Posso fare di meglio ed è difficile dirlo a volte."

Riflettendo e condividendo questi giudizi su se stessi, questi partecipanti stavano scoprendo le bugie in cui avevano creduto. E questa è una liberazione somatica. Puoi farlo anche tu e realizzare, in un istante, come ciò faccia emergere le tue invenzioni e bugie su te stesso che ti impediscono di raggiungere il tuo vero potenziale, anche finanziariamente.

Riflettendo sulle esperienze passate, ricordo un momento di trasformazione durante il workshop di Maui, in cui ho guidato un partecipante a riconoscere la propria eccellenza nel fallimento. Vedete, gli ho detto di dire "Sono il migliore nel fallire", invece di dire "Sono un fallito". Il contrasto tra dichiarare "Sono il migliore che conosca nel fallire" e l'etichetta autodistruttiva di "Sono un fallito" ha evidenziato la loro inclinazione a usare il fallimento come scudo per rimanere invisibili. È diventato evidente che la scelta di identificarsi come un fallimento serviva allo scopo di rimanere piccoli ed evitare la visibilità.

Il partecipante ha ammesso di aver minimizzato la bontà della propria vita, temendo l'invidia degli altri. Si è reso conto che, trattenendo i propri veri sentimenti e successi, stavano perpetuando una bugia, ostacolando non solo la propria espressione autentica, ma anche limitando il flusso di abbondanza nella propria vita.

Ma prima di lasciare che gli altri prendano il sopravvento sulla tua vita con la loro gelosia, i loro giudizi, le loro critiche o semplicemente la loro insicurezza, pensa al potere che TU hai. E se ciò che dici ispirasse qualcuno a fare una scelta diversa? E se il tuo presentarti come sei ispirasse qualcuno a fare una scelta diversa? Quanti soldi in più ti farebbe guadagnare e quanti soldi in più darebbe a loro mentre diffondevi abbondanza sul pianeta?

Voi siete le persone che possono cambiare il mondo.

Voi siete le persone di cui il denaro deve essere nelle mani perché con la vostra consapevolezza, cambierete la realtà su questo pianeta. Il cambiamento di un grado che fate adesso, che è passare dall'invenzione e dalla menzogna alla verità dell'apertura della luce, del divertimento e della libertà, cambierà la vostra realtà finanziaria.

Come diceva mio padre, "Sii il capo di te stesso. Non è solo un mondo di uomini. Non è solo un mondo di donne. Fai ciò che ami. Lavorerai per qualcuno, amalo. Vuoi essere il capo di te stesso? Sii il capo di te stesso".

Quindi, qual è una cosa che puoi scegliere adesso e che non hai mai deciso di scegliere? Cosa sceglieresti di fare fuori dalla tua zona di comfort?

Prima di avere uno studio completo, non avevo un solo cliente. Avevo un ufficio, quindi andavo nel mio ufficio e fissavo gli appuntamenti sul mio calendario. Non c'era nessuno e scrivevo semplicemente "Clienti fantastici" nel programma da 60 o 90 minuti. Mi sedevo nel mio ufficio per quel tempo, facevo una pausa dopo i 60 o 90 minuti, poi tornavo. Creavo i miei biglietti da visita, volantini, pacchetti o facevo una telefonata e raccontavo alle persone cosa stavo facendo.

A volte, andavo in libreria, organizzavo un workshop di gruppo, seguivo un altro corso o andavo a fare formazione. E ogni volta che qualcuno mi chiamava, riempivo lo spazio con il nome della persona, che sarebbe stata la sessione.

Ho continuato ad andare avanti e avanti perché ho scelto di non credere alla bugia che se fossi uscito, qualcuno si sarebbe sentito male. Invece, ho creduto alla verità che se fossi uscito, qualcun altro sarebbe uscito. Qualcosa li avrebbe ispirati a collaborare con me.

Questo significa andare oltre la menzogna.

Per andare oltre la bugia, devi agire. Devi farlo.

4

———

COSA VUOLE IL DENARO?

Lavoro con molte persone che operano sui mercati finanziari. A volte, si bloccano e continuano a fare lo stesso trade. Non vogliono lasciarlo, o perdono. Pensano che sia un fallimento invece di muoversi. Quando la verità è che se non funziona e diventa pesante e denso, devi muoverti. Taglia le perdite e muoviti. Lo capiranno, e tu lo guadagnerai nel momento successivo, da qualche altra parte, ma non si presenterà mai come pensi che sarà. Quindi, non puoi usare la testa.

Quando la tua mente è in sintonia con il tuo corpo, provi un maggiore senso di libertà. Nella mia vita personale e lavorativa, do priorità all'ascolto. Presto attenzione alla sensazione di leggerezza, poiché indica la giusta direzione per me. Se qualcosa sembra denso, pesante o eccessivamente complicato, e se mi ritrovo ripetutamente ad affrontare ostacoli, non mi oppongo con insistenza. Invece, riconosco la necessità di rivalutare ed esplorare percorsi alternativi. Non continuo a sbattere la testa contro il muro.

Dico: "Oh, devo fare altre domande. Devo andare da qualche altra parte". Poi chiedo: "Chi o cosa può rendere tutto più facile subito? Dove devo andare? Con chi devo parlare? Chi può aiutarmi? Di quali altre informazioni ho bisogno? Chi ha queste informazioni?"

Non so come accada, ma in qualche modo trovo sempre una soluzione. Ricevo un'e-mail o un messaggio di testo. Vedo qualcosa sul computer. Leggo qualcosa nella posta , o parlo con un amico, e loro dicono, "Ehi, questa persona sta cercando quello", ed è esattamente ciò di cui ho bisogno. È così che ho trovato i miei appaltatori per la mia attività.

Quindi la prossima volta, invece di chiedere se dovrei andare qui o là. Esci e fai più domande. Hai solo bisogno di più informazioni.

Ricorda, la tua attività è un'entità a sé stante; gestiscila come faresti con un'altra persona. La tua attività ha uno scopo e degli obiettivi; devi comunicare con loro. La mia attività si chiama Live Your Roar. Ha il suo scopo. Ho un obiettivo. L'ho ascoltato e ovunque mi muovo nella mia attività, le pongo sempre delle domande.

Quindi, hai bisogno di più informazioni a partire da qui. Poniti domande come:

Quali altre informazioni posso aggiungere qui?

Chi ha queste informazioni?

Dove posso trovare queste informazioni?

Cosa posso fare?

Chiedi alla tua azienda:

Cosa vorresti oggi?

Qual è il tuo obiettivo?

Cosa richiede la mia maggiore attenzione?

Dove posso contribuire a guadagnare di più?

Cosa devo creare per farlo?

Chi devo assumere?

Con chi altro devo parlare?

Dove devo andare?

Di quanti soldi ho bisogno?

Creare un forte legame di fiducia con la tua attività e conoscersi a vicenda . Questo è ciò che chiamo radical aliveness.

ci sono quattro C : scegliere te stesso, impegnarti con te stesso, collaborare con l'universo che ti sta cospirando per benedirti e poi creare la tua vita partendo da lì.

Questi sono i quattro principi di te e i quattro principi del business. Scegli per te, impegnati con te. Collabora con l'universo che cospira per benedirti e poi crea e vai avanti insieme.

Faccio un programma radiofonico chiamato Beyond Abuse, Beyond Therapy, Beyond Anything, giusto? Siamo in onda da due anni e mezzo ormai. Nelle prime 13 settimane, siamo stati tra i primi tre nella top ten di Empowerment Channel, e siamo rimasti tra i primi cinque fin dall'inizio del programma.

Ho ascoltato quell'attività ogni giorno. Stamattina mi sono alzato, ho fatto un programma radiofonico in diretta e ho ascoltato l'attività.

Ogni settimana, devo creare uno spettacolo dal vivo: nuovi contenuti originali, una descrizione dello spettacolo, citazioni dai social media e argomenti. Ascolto e dico: "Ok, Terra, universo, mondo, 205.000 persone che ascoltano, di cosa vuoi sentirti parlare?"

Ehi!

Non mi metto a pensare: "Cosa devo fare per Voice America?", ma chiedo: "Quale energia richiede di essere espressa ora?"

Cosa ti chiede l'azienda? Letteralmente, forse è questo che ti fa girare la testa: entrare in contatto con ciò che ora è fuori di te.

La tua attività è un'energia e un'entità a sé stante.

Lascialo librarsi. Lascialo ruggire. Togli la testa dai risultati e metti la testa nelle possibilità. Sarà facile disegnare e attualizzare le persone, i luoghi, le situazioni e gli eventi che corrisponderanno per collaborare per tuo conto .

È interessante notare che ci sono momenti in cui, a causa delle nostre bugie sui soldi, l'ambiente circostante lavora per opporsi ai nostri obiettivi. Diventa limitante. Nel mio workshop, una delle mie partecipanti si è trovata di fronte allo stesso dilemma. Quindi, quando ho parlato di lasciare che i nostri affari e i nostri soldi salissero alle stelle, ha fatto una domanda che descriveva la sua situazione.

Ecco cosa ha detto: *"Ha senso quando parli di se piaci ai tuoi soldi. Ho questa immagine nella mia mente che è una relazione in cui mi presento tutta sexy indossando una colonia da $ 300. Ma poi ci sediamo per parlare ed è come, "Oh, lo fai ancora? Tua madre è ancora così? Fumi ancora sigarette?"*

Sentendo parlare della sua situazione, le ho chiesto se lei e la sua visione si stessero giudicando a vicenda. Quindi, vi state giudicando a vicenda? E lei ha risposto:

"Non so se mi sta giudicando, ma è come, "Ti amo, ma non se lo fai ancora. È come se ti amo, e devi presentarti in questo modo e in questo modo."

Era chiaro che il suo amore era invischiato in aspettative e condizioni. Era un amore condizionato, un amore per il quale non ci saremmo mai accontentati di un partner ma che invece ci sta bene quando si tratta di soldi.

Fu allora che decisi di esplorare i sentimenti della partecipante in relazione al controllo, alla superiorità e alla riluttanza a ricevere gioia. Negò di essere una persona autoritaria e affermò di essere libera in altri aspetti. Quindi, le feci un'altra domanda importante: "Cosa ami delle condizioni?" Ed è allora che le cose iniziarono a staccarsi; disse che per lei era una "cosa di superiorità".

Questo rapporto condizionato che aveva con il denaro stava limitando la sua gioia, e tuttavia si era raccontata questa bugia che la stavano rendendo superiore. E stava limitando la sua gioia da quando aveva sette anni.

Ma proprio quando ha scoperto le bugie che si era raccontata e ha fatto un esercizio di respirazione, siamo stati in grado di creare un cambiamento fisiologico e psicologico di un grado di cui aveva bisogno. Quando ha capito che aveva respinto la gioia da quando aveva sette anni, si è mossa per apportare un cambiamento.

Ecco come vengono perpetuate le nostre bugie sul denaro, che portano a conflitti interni e a una mancanza di abbondanza. E tutto ciò di cui abbiamo bisogno è uno spostamento di un grado.

5

IL POTERE DEL GIUDIZIO

Noi esseri umani siamo coraggiosi, ma il denaro non è necessariamente un argomento divertente da discutere per le persone. Ora che ho condiviso con voi alcune bugie sul denaro, vedrò se riesco a farvi scattare un po' e, a un certo punto, potreste ridere e tirare fuori ciò che vi ha davvero spinto a leggere questo libro. A essere curiosi sul denaro.

Dopo oltre vent'anni di lavoro nella professione psichiatrica, tenendo workshop a livello locale, nazionale e internazionale, ho imparato che ci sono tre motivi per cui le persone decidono di dedicarsi al lavoro personale per il cambiamento e la trasformazione:

I. Salute: si verifica una crisi.

2. Relazione: rottura, separazione o divorzio.
3. Soldi: difficoltà negli affari o difficoltà ad arrivare a fine mese.

Dopo un po', sono diventato davvero bravo a lavorare con le persone nell'area delle relazioni e sulla salute, me compreso. Ma tutta questa faccenda dei soldi continuava a rodere me, i miei clienti e il mondo. Ho deciso di concentrarmi su questo per vedere cos'altro potevo apportare a questo argomento su cui le persone tengono workshop e scrivono libri.

È stato un po' un tentativo per la mia persona di branding. Se non sai cos'è una persona di branding, ti dice dove infilare la tua nicchia e poi ti infila in una scatola, e dovresti rimanerci dentro e non uscirne.

Per quelli di voi che mi stanno appena conoscendo, è come quella cosa di Dirty Dancing, "Nessuno mette Baby all'angolo". Non mi metti in una scatola; non c'è una scatola che mi si adatti.

Quando ho iniziato a diversificare questo argomento finanziario, facevo workshop, telefonate, il mio Voice America Radio Show, insieme a sessioni individuali, sessioni di coaching e sessioni VIP con le persone. Ma allo stesso tempo, mio padre è morto qualche anno fa e mi sono trovato in una situazione finanziaria in aggiunta ai miei innumerevoli altri problemi.

Mi resi conto della mia cecità verso la realtà del denaro, e mi sentii folle. Eccomi qui, a cercare di capire come aiutare gli altri a sistemare il loro rapporto con il denaro, eppure ero cieco alla mia realtà finanziaria.

Quindi, ho iniziato a guardare alle decisioni che ho preso sui soldi, a cosa ho fatto significare i soldi per me, a come li ho resi così significativi, a come erano il mio Dio, a come erano il modo in cui ricevevo amore o il modo in cui mi sentivo riguardo a me stessa se avevo soldi. Non mi sentivo bene con me stessa se non avevo soldi.

E poi ho iniziato a chiedermi: "Cosa c'è oltre?"

Cos'è questa faccenda dei soldi con cui tutti hanno qualche tipo di problema? Copre tutta la gamma.

Ho avuto un sacco di soldi e non ne ho avuti. E ho una comunità molto grande di persone con un sacco di soldi, e hanno tanti problemi con i soldi quanti ne hanno le persone senza soldi.

Non importa se non hai niente, miliardi, milioni o quadrilioni. Ci sono ancora problemi riguardo a questa cosa chiamata denaro, quindi nessuno può sfuggirgli.

Poi, quando mio padre è morto, ho iniziato a pensare: "Cos'è questo? Qual è il significato di questa cosa chiamata denaro di cui tutti scelgono di non godere?"

E anche quando ne godono, hanno sempre paura di "Quando lo perderò? Quando non lo avrò più?"

Esistono tutti i tipi di sindromi, per esempio "abbondanza o carestia", "lavora sodo/mentalità da servitore" o "lavora sodo, non dev'essere facile". Oppure "Sono un po' come un contadino e sarò sempre posseduto da qualcosa" e "Devo lavorare per qualcun altro perché non posso cavarmela da solo, perché se me ne andassi da solo, come potrei cavarmela da solo o lasciare che qualcun altro si prenda cura di me?"

Tutto questo accade in questa realtà e accade anche dentro di me.

Quando mio padre è morto, ho letteralmente perso ogni accesso a tutto. Mi è stato completamente portato via, e non mi è rimasto più niente. So che ti starai chiedendo perché avessi accesso all'account di mio padre. Lascia che te lo spieghi un po' più tardi.

Quindi, ricordo di essere stato in piedi a una stazione di servizio, inserendo una tessera nella pompa per fare benzina come facevo di solito. Non ci ho mai pensato due volte prima. Non significa che non avessi avuto problemi di soldi o questioni o mancanza di fondi nel mio tempo su questo pianeta, ma non c'era niente in quel momento.

Ho pensato: "Come farò a pagare tutto questo? E come farò a vivere?"

Non avevo mai dovuto pensare in quel modo perché avevo sempre avuto mio padre. Mi rendeva le cose molto facili ed era sempre qualcuno che diceva: "Cosa vorresti?" Non sapevo mai quando sarebbe arrivato, ed era sempre una specie di scherzo: "Bene, scendo in cantina, prendo la macchina da stampa e lo avrai sul tuo conto". Era il mio bancomat, la mia carta di debito, in molti modi: niente codice PIN, niente passcode, basta chiedere e ricevere.

È stata la cosa più facile che abbia mai sperimentato, ma è stata da qualcun altro. Voi ragazzi lo capite, vero? Non aveva niente a che fare con me ; era fuori da me.

E quando se n'è andato, sono rimasto lì, in quel distributore di benzina, a pensare: "Non ho idea di cosa significhi avere soldi, cosa significhi veramente risparmiare soldi o pianificare un futuro con i soldi di cui sapevo di aver bisogno, perché tutto era ammortizzato da qualcun altro".

Ero vicino a mio padre? Vivevamo vicini? No, lui era dall'altra parte del paese. In effetti, ci vedevamo raramente o ci parlavamo al telefono. Quella era la relazione, e la distanza era grande, ma andava bene. Era quello che facevamo.

Fin da quando ero molto giovane, mi ha detto: "Lisa, non è solo un mondo di uomini. È un mondo di donne. Sii il tuo capo, fai ciò che ami e non accontentarti mai, guadagna i tuoi soldi, sii felice".

Così, l'ho fatto, e lui mi ha reso le cose facili, anche se questo non significa che non abbia lavorato sodo dalla mattina alla sera. Amavo e mi piaceva quello che facevo, aiutare le persone.

Poi, andando avanti velocemente, la sua morte mi ha messo in faccia che, "Oh, posso solo accompagnare le persone per la stessa distanza che ho accompagnato io stesso". Era una tasca cieca che non era stata scoperta fino a quel momento. Non sapevo nemmeno che fosse malato, ed è morto quando ero all'estero senza che io gli dicessi addio se non al cellulare, il che è stato perfetto. È una bella storia.

Voleva che fossi ovunque fossi, che facessi ciò che amo, che vivessi la mia vita. Non avevo bisogno di essere lì. Potrebbe sembrare una giustificazione per alcuni, ma per me è qualcosa che ho veramente incarnato.

Se sapete qualcosa della mia storia, le altre cose che succedevano in casa non erano così facili, quindi avevo un po' di diritto. Era tipo, "Accidenti, dati i 2 decenni e mezzo di abusi e violenze che ho subito nella mia infanzia, da quelle sessuali a quelle finanziarie, a quelle fisiche, a quelle emotive, a quelle psichiche, a quelle energetiche", avere un po' di tranquillità - un padre che non richiedeva una password o un codice PIN per un bancomat - beh...

Mi sentivo come se lo meritassi, data la sofferenza che avevo sofferto.

Sono stata grata per quell'esperienza perché lui era lì per me fin dall'inizio e poi, anche dopo la sua morte, mi ha detto: "Quando me ne sarò andato, chi ti resterà?"

E poi ho capito chi avevo davanti; ecco come è cambiata la mia situazione finanziaria.

Ce l'avevo fatta.

Tutto mi è stato portato via; ogni briciolo di denaro e l'accesso a qualsiasi denaro che avessi mai avuto nella mia vita tramite mio padre mi è stato completamente portato via con la sua morte. Ero lì, senza accesso a nessun contante, senza accesso a nessun conto bancario, nessuna carta di credito, niente. Quel giorno, in quella stazione di servizio, sapevo che mio padre se n'era andato e non c'era una sola persona su questo pianeta su cui potessi contare per aiutarmi finanziariamente.

L'unica persona, l'unica cosa che avevo ero io, e dovevo fare qualcosa di completamente diverso. È qui che ho affrontato direttamente le bugie del denaro, tutto ciò in cui avevo creduto, la persona che avevo sviluppato attorno ad esso, la sicurezza che presumibilmente c'era attraverso di lui, tutto.

Lui mi chiamava Li-li. "Certo, Li-li, scendo in cantina e vado alla tipografia, ti stampo dei soldi e saranno sul tuo conto".

Non sapevo mai quando sarebbe arrivato. Poteva essere due settimane, un mese, tre mesi o il giorno dopo, ma lo vedevo sempre nel mio account. È così che funzionava con lui.

Ero sotto shock, mi guardavo alle spalle e pensavo: "Cosa significa avere le spalle coperte con i soldi? Cosa significa avere davvero, davvero le spalle coperte e stare in piedi nel mondo e non dipendere da nessuno, non proiettare su nessuno, non prendere da nessuno, non succhiare da nessuno, non vittimizzare se stessi per ottenere soldi, non difendersi dall'autorità, non allinearsi nemmeno con la tragedia o il trauma o il dramma della propria storia? Perché, credimi, se vuoi sederti e parlare della storia, io ne ho una".

Ricordo di aver pensato: "Wow, questa sarà la prima volta che incarnerò la mia realtà finanziaria".

Non sapevo che la scomparsa di mio padre non mi avrebbe lasciato altra scelta se non quella di camminare sulle mie gambe, che sarei stata io a incarnare me stessa e a sapere cosa si prova, cosa si prova ad avere le spalle coperte e a lasciarmi completamente alle spalle la storia della vittima, la storia del trauma e del dramma, la storia della catastrofe.

Non avrei mai pensato che il mio passato di abusi durante la crescita, i due decenni e mezzo o trent'anni di abusi che mi sono inflitta e ho sofferto, sarebbero stati il faro luminoso attraverso il quale le mie bugie con i soldi sarebbero emerse e mi avrebbero portato oltre la gabbia della distruzione, della morte e della scarsità, dello spendere ma non avere e del guadagnare un sacco di soldi perché ne avevo sempre guadagnati un sacco ma non mi ero mai concessa di tenerli.

Tutti gli altri erano più importanti.

Le persone che hanno avuto una relazione con me hanno fatto bene. Fidati, continuano a chiedere. Ho detto di no a qualcuno di recente per la prima volta da molto tempo. Ho detto: "No, ti ho solo dato dei soldi. Restituiscimi quei soldi tramite un piano di pagamento e poi ne parliamo". Questo è il mio New Yorker che esce allo scoperto. Ma è così che ci si sente ad avere le spalle coperte e dire sì quando in realtà è un sì e no quando è un no.

6

LA MIA ASCESA

La morte di mio padre ha catapultato la mia attività, il mio essere, il mio corpo e il lavoro che avrei svolto nel mondo per svegliarmi finanziariamente, e non sapevo che mi avrebbe fatto vivere per la prima volta la mia realtà finanziaria.

Ciò che si è sviluppato è ciò che ora chiamo la gabbia dell'abuso, la vivacità radicale e il ponte che conduce agevolmente a quella vivacità.

La gabbia dell'abuso è ciò che io chiamo le "4 D": Negazione, Difesa, Dissociazione, Disconnessione.

Nella storia che ti ho raccontato, riesci a vedere tutta la negazione in cui vivevo rispetto a ciò che mio padre mi aveva donato in modo così naturale? La difesa dall'essere e dall'avere le spalle mie, la dissociazione dal permettermi di avere i soldi per me

come se li avessi meritati e
creati.

All'epoca, ero la persona con
cui volevi uscire. Mettevo un
paio di centinaia di dollari
sul tavolo e, quando finivamo
quei soldi, mettevo la mia
carta di credito sul tavolo. Io
e i miei amici ci divertivamo

alla grande ogni giovedì, venerdì, sabato e domenica
sera. Mi sentivo così generoso, come mio padre.

Tutto ciò ha portato a questa gabbia di abusi attorno al
denaro, dove era così limitante e costrittivo che potevo
lavorare sodo, fare un sacco di soldi, ma non riuscivo
mai a tenerli.

L'avrei avuto per un po'. Era come la sindrome "abbuffata e vomito". Ne avrei avuto un sacco e poi ero tipo,
"La-la-la-la-la-la-la" seguito da, "Ok, ora devo farlo di
nuovo."

Abbondanza o carestia.

Avevo guadagnato e non dipendevo completamente da
mio padre, ma non avevo alcun sostegno quando si
trattava dei miei soldi. Non avevo idea di come risparmiare o tenere i soldi in tasca.

Passando a una vitalità radicale, mi sono svegliato in quella stazione di servizio. Incapace di pagare nulla, ho pensato: "Oh, devo scegliere per me. Devo impegnarmi con me stesso e con la mia realtà finanziaria".

Da qualche parte lungo il percorso , ho sentito dire: "Chiedi e ti sarà dato". Quindi, per come la vedo io, l'Universo sta cospirando per benedirmi. Fa parte delle "4 C": Impegnati con me, Scegli per me, l'Universo sta cospirando per benedirmi e vuole Collaborare con me, e poi Creare.

Questo è ciò che chiamo vitalità radicale, e si passa

dalla gabbia alla vitalità radicale attraverso le "4 E" - per semplificare - Abbracciare, Esaminare, Incarnare ed Espandere.

Abbraccia qualsiasi cosa stia succedendo, esamina con tenacia di consapevolezza e verità. Ricorda, puoi arrivare solo fin dove puoi lasciarti andare e vedere, e puoi arrivare a qualcun altro solo se lavori con altre persone fin dove sei arrivato tu. Non possono andare oltre te se non lo hai fatto tu.

Sono grato per tutte le bugie finanziarie che mi sono arrivate dalla famiglia di mio padre, molto povera, alcolizzata e con poca istruzione a Brooklyn, e per quelle che mi sono state donate attraverso la sua scomparsa.

Non lo sapevo fino ad allora, per via di chi era. Diceva: "Non ho mai avuto niente, voi avete tutto, voglio vedervi usarlo ed essere felici finché sono vivo". Ed è esattamente quello che ha fatto.

7

CREDENZA E REALTÀ

Sapevi che le tue convinzioni creano anche il tuo corpo e la forma in cui si trova? E sai che le tue convinzioni creano anche la tua realtà finanziaria?

Oppure ti senti mai semplicemente bloccato, come uno schermo di computer in buffering? In pratica, quando ci sentiamo bloccati, sono i nostri punti di vista a essere bloccati. Potresti aver fatto dei movimenti laterali e dei cambiamenti laterali, ma non sei mai andato oltre quella costrizione e quella limitazione.

Si migliora, ma non si va mai oltre.

E questo si chiama sopravvivere e prosperare, ma non vivere mai radicalmente vivi. Quindi, come ne usciamo?

Ancora una volta, tutto ciò che stiamo cercando è uno spostamento di un grado.

E quando pensi in questo momento e percepisci tutti i giudizi, le decisioni, le conclusioni, i calcoli, le configurazioni, le separazioni, le guerre, i traumi, i drammi, le catastrofi nel mondo intero in questo momento per quanto riguarda il denaro, uno spostamento di un grado su questo pianeta è enorme. Ha la capacità di far girare il mondo sul suo asse.

Quindi, quanti di voi credono che bisogna lavorare duro per guadagnare i soldi? Quanti di voi credono che non ci sia alcuna bugia, che sia la verità assoluta?

Ora, considera questo: quanti dei tuoi corpi credono veramente che non ci sia falsità, che sia una realtà indiscutibile? Mentre la tua mente potrebbe riconoscere che guadagnare soldi non richiede sempre un lavoro estenuante, il tuo corpo potrebbe non essere sulla stessa lunghezza d'onda.

Credi che l'idea di lavorare sodo per i tuoi soldi sia solo una costruzione mentale, slegata dal tuo corpo? Quando la tua mente e il tuo corpo hanno credenze contrastanti, creano una realtà conflittuale.

Permettetemi di farvi alcune domande. Mentre vi faccio domande, prestate attenzione a ciò che accade nel vostro corpo. Se vi sentite leggeri, espansivi e con un'energia fresca, è un'indicazione di verità.

Al contrario, se avverti densità, costrizione o ti accorgi che i tuoi pensieri vanno alla deriva verso i piani post-sessione e un desiderio di andartene in fretta, allora potresti scoprire ciò che percepisci come verità ma che, in realtà, è una falsità. Una costrizione densa indica una bugia, mentre espansione, un'energia frizzante e un'atmosfera fredda indicano la verità.

Quindi, sinceramente, riconosci di avere una realtà conflittuale riguardo al denaro? Questa realtà conflittuale è la bugia a cui aderisci, e attenersi a una bugia ne perpetua l'esistenza.

Quanti di voi hanno sperimentato conflitti riguardanti il denaro nelle relazioni con i propri partner? Questo è esattamente ciò che intendo per realtà conflittuale. L'aderenza del tuo corpo alle bugie modella le tue realtà conflittuali, stabilendo una realtà vibrazionale che ti confina, creando una gabbia autoimposta attorno al denaro. Questa costruzione, spesso scambiata per creazione, è distruzione e non ha nulla a che fare con la scelta per te stesso, l'impegno con te stesso o la collaborazione con l'Universo per cospirare a tuo favore.

Ora, considera questo: la convinzione che il tuo denaro scorra dipende dalla tua bontà o cattiveria, o dal tuo livello di sforzo, leggero o pesante dentro di te? Nota la discordia interna, l'oscillazione, la negazione, i meccanismi di difesa, la dissociazione e la disconnessione. Renditi conto che non c'è spazio per la scelta in questa struttura, creando l'illusione di un Universo senza scelta.

Tuttavia, vi assicuro che non è mai così limitato come sembra. Le vostre convinzioni e prospettive uniche su dignità, bontà, cattiveria, duro lavoro o mancanza di esso, non sono intrinseche a voi. Avete accumulato queste costruzioni in questa realtà, vi siete trasformati in e avete dichiarato: "Questo sono io.

Benvenuti nella vostra realtà finanziaria. L'ho fatto anch'io.

8

UNA REALTÀ FINANZIARIAMENTE ABUSIVA

In tutta onestà, anche in mezzo agli abusi, gli stupri che ho subito e quelli che ho vissuto, niente è più spaventoso che vedere zero sul tuo conto in banca. Non c'è nessuno a cui rivolgersi; quando quella scarpa finalmente cadrà, chi ci sarà per te? È un posto intrinsecamente spaventoso.

Credo che questa sia la vera epidemia della nostra realtà. I nostri giudizi, le nostre prospettive e le realtà finanziarie, psicologiche e psichiche che adottiamo ci rendono malati, ci rendono infelici e ci portano a scegliere relazioni, me compreso. È come se continuassimo a versare cose, a depositare all'infinito e a non fare mai progressi perché siamo costantemente obbligati a timbrare quel biglietto.

Quindi, chi è il vero colpevole, la realtà o noi?

È tutto un perpetrarsi in un certo modo, a meno che non facciamo quel cambiamento di un grado da queste bugie. Quindi, di quali bugie sto parlando?

La prima è che il denaro è la prova che hai ragione o torto. Quanti di voi credono che sareste felici se aveste soldi? Potreste certamente credere, di sicuro, che sareste più felici se aveste soldi perché il denaro vi dà più scelte, non è vero?

Ma la verità è il contrario. Una delle bugie del denaro che spero di farti capire è che ciò che pensi non è ciò che stai proiettando là fuori. Che ciò che senti e hai incarnato come il contenitore di accumulo di spazzatura - che chiami creazione - è ciò che sta creando il tuo denaro e la tua situazione finanziaria, in opposizione a ciò che sai.

So che siete tutti brillanti. So che avete fatto un sacco di lavoro personale. So che leggete cose. E so che siete intelligenti: vivete qui. Lo capisco. Anch'io ho vissuto qui.

E tutti noi ci siamo aggrappati a bugie come la seguente:

Devo dimostrare che valgo qualcosa e posso farlo con i soldi.

Sono amabile solo quando ho soldi.

Sono amabile solo se do qualcosa a qualcun altro. Nessuno mi amerà mai per quello che sono.

Non sarò mai in grado di permettermi o di essere indipendente finanziariamente. Avrò sempre bisogno di qualcun altro.

Una famiglia con due redditi è meglio di una famiglia con un solo reddito.

Queste sono tutte bugie che il tuo corpo incarna e riflette nella tua realtà. Mentre la tua mente guarda tutto ciò che sto dicendo qui e dice di no, il tuo corpo dice di sì. La tua mente dice "No" e il tuo corpo dice "Sì". La tua mente dice "Lo facevo, il tuo corpo dice che lo faccio ancora".

Un modo per capire se hai questa realtà conflittuale è porre alcune domande. Immagina se i tuoi soldi decidessero di parlarti, cosa ti direbbero? Pensaci. Quando ho chiesto questo nel mio workshop, le persone hanno risposto con:

" Non pensi che io sia abbastanza."

" Che cazzo."

" Non devi preoccuparti per me."

" Non mi hai mai lasciato entrare."

" Devi prenderti cura di me."

Ma quali sono queste risposte? Non dovremmo avere un rapporto sano con il denaro?

Ma se stai ricevendo risposte simili dai tuoi soldi, allora sai di esserti sbagliato. Sei stato un cattivo partner.

Quindi, quanto ti sbagli? Un po' sbagliato, un mega sbagliato o un megaton mocha tapioca pudding con una noce sopra?

Quanti di voi credono in una certa misura al grado di errore che avete? Inoltre, quanti dei vostri corpi incarnano quel senso di errore, semplicemente perché la vostra mente lo ha convinto così? Ricordate, il vostro corpo è incredibilmente intelligente, funge da organo sensoriale per percepire, conoscere, essere e ricevere, capacità che molti di noi raramente incarnano veramente.

Considerate questa prospettiva come un "Oltre", una realizzazione che ha articolato, "Non dovrei nemmeno essere qui, ecco quanto mi sbaglio". Ma sotto quella superficie, stiamo ancora cercando, non avendo ancora raggiunto il nocciolo. Si sofferma nella realtà sonnambulica dell'anestesia, dell'intorpidimento, della dissociazione e di una gabbia, sepolta in profondità. Tuttavia, se possiamo raggiungere quel punto, possiamo estrarlo.

Eppure, richiede una scelta di vita, una scelta di abbracciare la tua realtà finanziaria, indipendentemente dalla tua storia. Indipendentemente dalla tua discendenza, dalla tua salute, dalle tue tragedie, dai tuoi traumi o dalle tue esperienze passate, niente può privarti del tuo essere intrinseco. Nessuna bugia può.

Quando crediamo a queste falsità su noi stessi e diamo forma alle nostre vite, di conseguenza, immersi in un senso di ingiustizia, inevitabilmente lo proiettiamo sugli altri. È come vedere il mondo attraverso occhiali colorati dal giudizio, un concetto che ho esplorato in uno spettacolo di Voice America intitolato "Seeing Through Abuse Colored Glasses".

Dove ti stai giudicando con i soldi, perpetuando una realtà finanziaria che non ha nulla a che fare con l'essenza del tuo essere? Che sia legata ai tuoi antenati, ai tuoi genitori, alla tua storia personale o alle disavventure dell'infanzia, tendiamo ad aggrapparci a queste storie e a modellarci a loro immagine.

Vi sfido a liberarvi da quel ciclo e a diventare la persona che può accumulare ricchezza. Voi, gli individui qui presenti, avete il potere di cambiare questa realtà se vi permettete di possederla, e includo me stesso in questa affermazione. Non mi sono mai permesso di avere ciò che sto vivendo ora.

Eppure, avere è diventato per me l'incarnazione più profonda della guarigione. È difficile da articolare, ma avere, essere me stesso, essere te stesso, impegnarsi con se stessi, collaborare con se stessi, scegliere se stessi e creare da quello spazio, questa è la verità.

9

IL DENARO CREA, IL GIUDIZIO
DISTRUGGE

Quando mio padre si è occupato di successioni e pignoramenti a New York, il mio lavoro era sedermi con lui nel seminterrato, dove aveva il suo ufficio. Aveva 16 appartamenti che aveva acquistato, unità multifamiliari, rivendendo case.

Abbiamo riscosso l'affitto e c'erano pile di soldi. Abbiamo usato le vecchie calcolatrici e i blocchi verdi prima di avere un computer. Mi sedevo lì e mi mettevo i soldi in bocca. Li annusavo ed erano tutti un po' sporchi, ma mi piacevano.

Poi ho trovato lavoro in banca e ogni venerdì tutti gli avvocati venivano e impilavano e impilavano e impilavano banconote da 100 dollari nuove e croccanti, ecco perché adoro le banconote da 100 dollari. Ero tipo, "Sì, vieni alla mia postazione di cassa. Voglio contare le tue banconote da 100 dollari".

Avevo questa infatuazione e questa storia d'amore con una realtà finanziaria che mi rendeva semplicemente felice. Mi piaceva contarla e mi piaceva organizzarla. Infatti, guardavo nei portafogli di tutti i miei amici e mi assicuravo che organizzassero i loro soldi: pezzi da uno, cinque, dieci, venti, cinquanta, cento.

Conosco persone che se la prenderebbero con le palle. Non lo sopporto. Direi loro: "Cosa fate con i vostri soldi, trattateli meglio, amateli e arriveranno a voi?"

Sono un po' ossessivo-compulsiva, credo, ma per me significava qualcosa. Per me c'era questa felice danza molecolare con i soldi. Mi piaceva stare seduto nel caveau della banca e mi piaceva quando arrivavano i Brinks. Ogni volta che giravano in macchina, pensavo: "Sì! In quale banca stanno andando?" Ero semplice-mente ossessionato. Non so cosa facevate da bambini , ma io seguivo i soldi.

Il denaro arriva alla festa della felicità.

Non si presenta alla festa della depressione, della costrizione e della gioia.

E credetemi, quando anni fa mi ammalai di una malattia mortale e l'endocrinologo mi disse: "Uccidilo, prendi le medicine per il resto della tua vita o fammi estrarre l'organo", io risposi: "Deve esserci un'altra scelta".

"Non c'è."

Ricordi che ti ho parlato della questione della scatola, che non posso essere messo in una scatola? Non dirmi che non c'è un'altra scelta perché la troverò.

E poi sono finito in un istituto chiamato Theta Healing® Institute e ci ho trascorso 3 mesi. Nel giro di 3 mesi ho conseguito il master in Theta Healing® e, in 3 settimane, non avevo più la malattia.

Mi disse che non c'era niente che potesse fare a parte i farmaci, un intervento chirurgico per rimuoverlo o qualsiasi altra cosa mi avesse detto, e io curai tutto energeticamente.

Ho usato ogni centesimo che avevo a quel tempo per fare una guarigione olistica per me stesso. Ho lasciato andare la mia casa, ho lasciato andare la mia pensione, ho lasciato andare qualsiasi cosa per quella scelta. Sapevo che ce l'avrei fatta di nuovo. Mi è costato circa 1 milione di dollari curarmi naturopaticamente. Non un'oncia di qualsiasi cosa farmaceutica, e nessuna assicurazione. Be', avevo un'assicurazione, l'ho pagata per decenni, ma quando è arrivato il momento, niente mi ha aiutato a causa della mia scelta di diventare olistico.

Fortunatamente, avevo una polizza assicurativa per l'invalidità che mia zia aveva stipulato, ed è così che sono andata al Theta Healing® Institute e ho ottenuto il mio Master of Science in Theta Healing®. Alcune persone dicevano: "Oh, mio Dio, dovresti tenere quei soldi perché sei così indebitata". Ho pensato: "Questo mi guarirà e sarà tutto. Userò quei soldi per questo".

Usa i tuoi soldi per creare, non per distruggere. Il giudizio distrugge.

Pensavo che dopo il Theta Healing® Institute, avrei finito, ma quando sono atterrato a Bali qualche anno fa, non sapevo che un altro livello di "Penso di aver chiuso con la vita" sarebbe arrivato per me. Stavo andando a Bali per un'ulteriore guarigione.

Avevo voltato le spalle a un sacco di cose, e sentivo anche che le cose mi avevano voltato le spalle in modo molto chiaro. Quando sono atterrato lì, ero di nuovo in quel tipo di posto sconfortato con un sacco di cose, non solo soldi. "Qual è il punto, qual è lo scopo di questo, questo, questo e quello?"

Eccomi lì, sdraiata su uno dei tavoli nella capanna del guaritore, come nel libro *Mangia, prega, ama* . Hanno fatto venire una persona speciale per lavorare sul mio corpo, e stava letteralmente tirando fuori queste bugie che stavo incarnando dal mio corpo. Ho fatto un programma radiofonico su su Voice America chiamato *The Shards of Abuse* . L'ha tirato fuori dal mio corpo e la mia mente era tipo, "Di cosa stai parlando? Non riesco a vedere l'energia, non riesco a vedere niente del genere, di cosa stai parlando?"

E poi me l'ha dato. Era un frammento.

Ci sono volute circa 8 ore. Era tutto ciò che mi portavo dietro nel mondo, ed è così che so di tutte queste bugie sui soldi. Mi sono avvicinato molto e personalmente in quella sessione di 8 ore con questo guaritore che tirava fuori roba dal mio corpo.

E poi, finalmente, una volta che l'ho sentito, il mio senso psichico si è aperto ancora di più e ho potuto vedere le energie, ho potuto vedere i sistemi di credenze. Ho visto le parole e le persone. Ho visto le immagini e la mia infanzia. Ho visto un sacco di cose. "Non c'è da stupirsi se voglio morire, l'ho capito. Quale modo migliore per andarsene se non a Bali? È facile."

Beh, è successo qualcos'altro oppure ho scelto qualcos'altro.

In quel momento, ho detto: "Ho ancora molto da vivere perché quello che esce dal mio corpo sono tutte bugie. E non c'è modo all'inferno che io muoia per le bugie. Voglio vivere e vivrò alla grande e RUGGIRÒ!"

Ed è quello che ho deciso di fare e ho cambiato il nome della mia attività in Live Your ROAR® – Live Your Radically, Orgasmically Alive Reality invece di The Beyond Abuse Revolution e The Beyond Abuse Movement.

Ho pensato, "Sono sopravvissuta a tutto questo. E se fossi riuscita a sopravvivere a schegge che uscivano dal mio corpo e a un vecchio nonno che prendeva un coltello e me lo piantava nel seno dicendo, 'Mi dispiace, mi dispiace, mi dispiace, mi dispiace, mi dispiace, mi dispiace, mi dispiace, mi dispiace, mi dispiace, mi dispiace, mi dispiace, mi dispiace, mi dispiace, allora'" - Mi ha fatto male, ma quelle bugie mi hanno fatto ancora più male.

Quella densità che senti nel tuo corpo è una bugia, non sei tu.

Quante bugie stai proiettando sui tuoi flussi di denaro?

Perché è quello che ho imparato a Bali.

Ho avuto un problema di ricezione. Un rifiuto di ricezione.

L'ho boicottato.

Stai ridendo perché so che anche tu l'hai fatto.

Sono letteralmente arrivato a questo punto in cui avevo sofferto abbastanza ed ero morto abbastanza, e poi ho scelto di avere tutto, non importa cosa. Non importa cosa avrei dovuto perdere, non importa chi avrei dovuto perdere, non importa dove avrei dovuto andare, non importa cosa avrei dovuto fare, i libri sarebbero usciti, il programma radiofonico sarebbe diventato virale.

Ora ho 205.000 ascoltatori da 30.000. Il primo libro verrà pubblicato, e poi lavoreremo sugli altri. E, e, e, e, e, e, e, e completamente – persino, da ieri, licenziando tutto il mio team con cui lavoravo – 12 persone – dando loro un preavviso di 30 giorni e ricominciando da capo.

Quando dico che ce l'ho, ce l'ho.

O si fa in grande o si torna a casa: è quello che è successo a Bali.

In parte lo stavo vivendo prima, ma quando hai gli occhi aperti e vedi tutte le bugie e fai quella scelta, anche la provvidenza si muove. Cosa ho fatto? Ho scelto me stesso, mi sono impegnato con me stesso, ho collaborato con l'Universo che cospirava per benedirmi e ho creato.

Nessuna persona è responsabile di nulla. Nessuna delusione d'amore o chiunque fossi con me, ha avuto a che fare con qualcosa di diverso da ciò che ho scelto. Nessun problema, nessuno stupro, nessun abuso, nessuna difficoltà con un cliente, nessuna situazione legale, nessuna situazione familiare, non importava.

Non mi importava chi avrei perso o cosa avrei perso; non avrei più perso me stessa. Avrei scelto me stessa. E niente sarebbe stato più così. Niente avrebbe avuto una proiezione, una separazione, un'aspettativa, un risentimento, un rifiuto, un rimpianto. Il mio corpo non avrebbe più sofferto, la mia mente non avrebbe più seguito la stessa strada.

Tutto ciò che ho scelto di mangiare dopo quel momento era diverso. Tutto ciò che ho scelto di bere era diverso. Tutto ciò che ho messo nel mio corpo era diverso. Tutti coloro con cui ho condiviso il mio corpo erano diversi. Davvero, tutto era diverso.

C'è un certo cibo che è sempre stato il mio ripiego e che ho adorato: la pizza. In California, puoi trovare pizza senza glutine, ma è difficile trovarla in Texas. Puoi trovare pizza senza glutine qui, però, da Good Earth. Hanno la migliore pizza ai funghi senza glutine, ma quando l'ho vista oggi, il mio corpo ha pensato, "Verdure".

È solo più una vibrazione, e quando non percepisci e non rispetti più le bugie, la vibrazione ovviamente cambia. E poi ciò che attrai, crei, istituisci e generi cambia e aggiorna quella vibrazione.

10

PRENDI IL CONTROLLO

Quanti di voi stanno evitando i flussi di denaro che potrebbero avere rifiutandosi di essere un reato giudicabile in questa realtà? Immagina quanti soldi in più potrebbero arrivare se fossi aperto a essere giudicato da tutti e da tutto senza lasciare che ti influenzi. L'idea è che quando cerchi attivamente di proteggerti dal giudizio, potresti inavvertitamente diventare un bersaglio per le critiche, ostacolando il flusso di denaro nella tua vita.

Finché rimani malato e depresso, sei un bersaglio per il giudizio. Finché rimani vittima, non scegliendo la tua realtà, rimani un bersaglio per il giudizio. Se punti il dito dall'altra parte, sei un bersaglio per il giudizio.

Quando inizi a puntare il dito, puoi star certo che ce ne saranno milioni che verranno a ucciderti.

Di recente, durante un corso, mi è capitato di trovare i miei volantini su un tavolo e, quando sono tornato durante la pausa successiva, tutti i miei volantini e tutto ciò che riguardava i miei workshop erano spariti, completamente spariti, di proposito.

All'epoca, ho creduto alla bugia che c'era qualcosa di sbagliato in me, che avevo fatto qualcosa che aveva spinto qualcuno a voler fare quello, che lo *stavo* facendo. E poi, quando me ne sono liberato, ho pensato: "Wow, quello che sto facendo è un'offesa giudicabile a quella persona, alla realtà di quelle persone".

Ho capito che la più grande bugia in cui ho vissuto è che alcune di queste cose le ho create io.

A volte devo rendermi conto che ciò che creo in realtà crea di più per altre persone, e non è un mio errore. È una capacità in cui ho imparato a entrare. Non l'avrei mai indovinato perché non si presenta mai come pensi che si presenterà.

Ecco una domanda che vorrei porvi:

Ogni volta che ti trovi in una gabbia finanziaria, chiediti: "Cosa sta creando questo, o cosa creerà questo?"

Lasciatevi percepire questo.

Se è pesante, cambia immediatamente. Se è leggero, fallo e renditi conto che, qualunque cosa tu scelga, c'è sempre un'altra scelta 10 secondi dopo.

Non c'è niente che ti impedisca di avere i soldi che desideri e di cui hai bisogno per vivere la vita dei tuoi sogni.

A volte, le persone spirituali scelgono di non avere soldi. Ma nessun Dio che io conosca vorrebbe mai che non avessimo tutto perché noi siamo le persone, voi siete le persone, e le persone vi stanno aspettando là fuori che potrebbero davvero cambiare questa realtà avendo soldi.

Potresti spenderli in modi che potrebbero cambiare consapevolmente questa realtà. Le persone hanno bisogno di sentire la tua voce, non importa in quale ambito della vita, non importa cosa fai, e questa realtà funziona con i soldi. Semplicemente funziona.

Puoi scegliere quale punto di vista e realtà vuoi creare con il modo in cui funziona questa realtà, e non sradicare, morire, allontanarti, non unirti o continuare a soffrire. Radicalmente, orgasmicamente , la realtà viva diventa il tuo alleato radicale, il tuo alleato orgasmico.

Crea una realtà viva con il denaro: ti sfido due volte.

Sii te stesso, al di là di ogni cosa, e crea la magia.

11

L'ENERGIA DEL DENARO

Uno dei miei modi preferiti per discutere di inganno è iniettare un sacco di risate nella conversazione. Viaggio in tutto il mondo, aiutando le persone a superare un trauma e a creare dopo un abuso. Fare questo richiede una certa leggerezza e un certo senso di divertimento perché, senza di esso, il processo potrebbe sembrare una pillola amara da ingoiare.

Per dare il via a questo capitolo, vorrei chiederti se saresti disposto a concederti di avere solo l'uno percento in più di denaro o contanti rispetto a quanto hai mai avuto prima. Ora, considera: cosa ti costa non fare questa scelta? (Sacchetti per il vomito disponibili sul retro.)

Personalmente, di recente ho dovuto affrontare una decisione cruciale sulla mia attività e la prospettiva di assumere una nuova società di marketing. Si è ridotto a scegliere cosa non fare rispetto a cosa volevo veramente fare. Optare per quest'ultimo significava lasciare andare un numero significativo di persone nella mia attività, ma ero combattuto perché mi piacevano le persone e avevo investito molti sforzi nel loro lavoro.

Prenditi un momento per rifletterti allo specchio: dove ti sei trovato in una situazione simile?

Spesso si riduce alla mancanza di denaro o di liquidità. Poi le giustificazioni si accumulano: "Non sono abbastanza bravo. Non lo merito. Potrei ferire qualcuno". Costruiamo queste narrazioni, queste bugie.

Ma cosa succederebbe se scegliessimo la scelta che porta a tutto ciò che desideriamo, quella che ci sembra più leggera e vera, anziché la menzogna, che è più pesante e densa?

Perché, in questa realtà, gravitiamo verso bugie, densità e pesantezza? Creiamo queste falsità e le portiamo in vita, solo per chiederci perché a volte sentiamo il bisogno di isolarci o di nutrire risentimento verso gli altri.

Parlando per esperienza personale, ho scritto la mia tesi su un concetto chiamato "Soul Printing". La nostra impronta dell'anima è simile alla nostra impronta digitale, un marchio unico che ognuno di noi possiede. Tutti noi portiamo un'essenza distinta che siamo qui per imprimere sul tessuto della realtà.

Ciò che fai è il tuo contributo unico. Che tu sia un avvocato, un infermiere, un facilitatore, un agopuntore, un artista audiovisivo, un massaggiatore, un genitore, un investitore, un insegnante o un agente di polizia, questa è la tua impronta. Ognuno di voi possiede qualcosa di unico che vi arriva senza sforzo, qualcosa che amate. Tuttavia, per vari motivi, potreste metterlo da parte e seguire un percorso diverso.

Abbracciare la tua impronta dell'anima, permetterti di incarnarla completamente, apre la porta alla facilità, al denaro, alla gioia, alla realizzazione, alla salute, alla ricchezza e a una vita piena di divertimento e possibilità. Entrare nel tuo sé autentico può sbloccare la probabilità di un'esistenza più appagante e prospera.

Entriamo nel tema della ricezione, in particolare dell'energia che è denaro. Il mio background include l'essere cresciuta in una famiglia violenta e abusiva, dove sono stata spinta a fare la modella di pornografia infantile in giovane età. Questa esperienza mi ha dato una visione dell'abuso monetario e della frustrazione di lavorare sodo senza raccogliere i frutti finanziari. Capisco cosa si prova a nutrire risentimento verso il denaro, a diffidare di chi mi circonda, inclusi familiari, istituzioni e organizzazioni. Alzarsi, vestirsi, scattare foto, sorridere, ma senza ricevere il compenso dovuto, ma qualcosa di completamente diverso, oscuro e nascosto dietro le quinte.

Ora, considera questa domanda: chi sei in relazione al denaro, al contante?

Ciò che ho scoperto sulle bugie che ci raccontiamo riguardo al denaro è che ruotano attorno a due bugie principali : *chi siamo con il denaro e cosa siamo con il denaro*. L'energia che emaniamo gioca un ruolo significativo e all'interno di quell'energia creiamo una certa realtà. Si tratta di riconoscere il "chi" e il "cosa".

Considera questo: se stai essendo un "chi" e un "cosa", cosa non stai essendo? Te stesso. Tuttavia, potresti erroneamente etichettare questo stato come vero.

L'energia presente in questo momento è una rappresentazione delle bugie che incarniamo. Mi sto occupando delle bugie, sia riconosciute che nascoste, viste e invisibili. Alcuni di voi potrebbero non essere pienamente consapevoli del "cosa" e del "chi", ma scoprire su chi avete fatto affidamento per creare i vostri flussi di denaro potrebbe inizialmente provocare frustrazione, solo per essere seguita da profonda gratitudine.

12

CHI, COSA E GIUDIZI

Ora, esploriamo la terza bugia: i giudizi che rifiuti di ricevere ostacolano la tua prosperità finanziaria. Potrebbe essere allettante liquidare questo come schiacciante, addentrandosi in "chi", "cosa" e giudizi. Tuttavia, se dovessi riassumere la bugia del denaro, sarebbe composta da un "chi", un "cosa" e un giudizio.

La tua autostima non è collegata al tuo patrimonio netto.

Ho scoperto ripetutamente, nei miei workshop, che è davvero dentro di noi riconoscere le bugie che scegliamo di credere e di realizzare. E ci vuole lo svelamento di quelle bugie, se vogliamo, per svelare tutto questo in modo da poter vedere cosa è vero.

Ci sono così tante bugie che le persone non sono

disposte a perdere per poter scegliere. Lo sapete tutti, ma ve lo dico lo stesso.

L'ironia è che, in quanto esseri infiniti, il denaro e il denaro ci forniscono libertà, scelta e possibilità. Allora perché, nonostante questa consapevolezza, ci sottoponiamo costantemente a stress, conflitti e mancanza di sufficienza , costringendoci a scelte tra necessità come le vacanze e la pensione? Logicamente, non ha molto senso.

Ora, esploriamo queste bugie: chi sei con i soldi? Cosa sei con i soldi? Affronteremo i giudizi separatamente. Comprendi che la tua realtà finanziaria è modellata dal "chi", dal "cosa" e dai giudizi che rifiuti di riconoscere. Sei pronto a cambiare anche solo di un grado in più?

Solo un grado.

Andiamo al chi. Togliamoci le bugie di dosso.

Non sapevi che saresti andato in una clinica per perdere peso, vero? Invece di entrare nella mia pancia, verrà tirato fuori dalla mia pancia.

Mi inventerò delle battute migliori. Per prima cosa, dovrò farmi vento con le mie banconote da cento dollari. Ridiamo della fuga dissociativa dei nostri flussi di denaro che abbiamo creato.

Per esempio, ricordo mio padre. Era solito prendere una pila di banconote da 100 $, circa venti, e le metteva sul bancone vicino alla porta laterale nella casa della mia infanzia per mia madre. Lo faceva ogni lunedì della settimana prima di uscire di casa.

Quando ero bambino, pensavo: "Accidenti, sì".

Poi c'era mia madre... rullo di tamburi, per favore... che era così arrabbiata con lui, così arrabbiata. Sembrava carino: 2.000 dollari. Li lasciava solo per andarsene il più velocemente possibile, per darle soldi. Lei prendeva quei soldi e ci faceva comprare delle cose. Le abbiamo mai chieste? Le volevamo?

Non l'ho fatto, perché una di quelle cose erano 8 o 10 di quelle stupide, spaventose bambole Cabbage Patch . Avevano i documenti di adozione o qualcosa del genere. Era la grande mania nei primi anni '80. Poi, le metteva sullo scaffale più alto della mia stanza, e io entravo nella mia camera da letto, "Oh mio Dio! Cos'è quello?" Perché ne avevamo bisogno.

Poi, scarpe da ginnastica e vestiti per me, i miei fratelli, tutto, e poi non c'era più. Eravamo in tutte queste diverse attività. Di nuovo, mai chiesto, forzato a esserci.

Odiavo il cheerleading. Ricordo ancora il tifo. "SUC-CESSO. Questo è il modo in cui scriviamo il successo", qualunque fosse la squadra. Odiavo ogni minuto, proprio come odiavo stare in piedi e fare la modella.

Per me, i soldi avevano molti significati diversi. Significavano abuso. Significavano risentimento. Significavano uscire. Significavano fuga. Significavano "FU". Significavano "Ti prenderò". Più lei spendeva i soldi, più lui doveva darli e più doveva andarsene e lavorare per i soldi. E più lui se ne andava e andava a lavorare per i soldi, beh, a quanto pare, ha creato un'altra famiglia che manteneva, cosa che non abbiamo scoperto fino a molti anni dopo. Ecco cosa stava facendo.

Forse lo farei anch'io, visto quello che stava succedendo lì.

Lei diventava sempre più risentita, sempre più arrabbiata, sempre più costosa, e tutto quel risentimento cresceva tra loro due.

Poi si dicevano: "Ti amo".

Eccomi qui, un ragazzino che li guarda. Questo è ancora sul "chi", a proposito: la prima bugia del denaro. Ce n'è parecchio.

Quindi, entrano e dicono: "Oh, ti amo". "Anch'io ti amo".

E io li guardo come se pensassi: "C'è qualcosa lì che sta succedendo e che è una bugia, perché sotto c'è il ventre della morte e della distruzione e dei picconi e delle pistole e dei machete e delle falci e, e, e della Terza Guerra Mondiale".

Dovevo scegliere cosa sarei diventato.

Da bambino, come fai a scegliere tra tua madre e tuo padre?

Ho scelto il peggiore e il migliore, come si fa a 3, 4, 5, 10, 15 o 20 anni.

Soprattutto, odiavo lei e tutto ciò che aveva a che fare con i soldi, per come era. L'ho incolpata per anni. Lo amavo perché sedevo con lui in cantina, lavoravo e mi occupavo dell'affitto dei suoi palazzi. Lui era divertente; lei era cattiva. O almeno così credeva il bambino che è in me.

Era un contabile con un Master in Business e Real Estate e, nei primi anni '80, la cosa più importante erano i condomini e le esecuzioni immobiliari a New York, nel New Jersey e in tutto l'Hudson. Otteneva condomini da 20 famiglie a un prezzo stracciato perché erano in esecuzioni immobiliari. Guadagnava miliardi di dollari senza metterne in gioco miliardi.

Il mio lavoro da bambino era sedermi lì in cantina con lui. Lui aveva la sua scrivania. Io avevo la mia. Mi sentivo così professionale. E sarei stato lontano da lei. Davvero.

E io: "Sì, papà!"

Stavo anche imparando un sacco di altre cose. Contavo i soldi. Ti ricordi quei libri contabili verdi e le matite? Ti ricordi le matite con le gomme? Quelle vecchie calcolatrici e quant'altro?

Letteralmente, era in contanti. Era un'attività completamente in contanti. Il mio lavoro era di bilanciare tutto l'affitto, contare i soldi e metterli in ordine. Ecco perché ancora oggi metto i miei soldi. Lo attribuisco a lui. Si può percepire l'amore che c'è dentro. I miei cento restano con i cento. Tutto è in ordine. Non ho problemi di controllo. Non sono ossessivo-compulsivo. Mi piace solo che i miei soldi siano in ordine. È quello che facevo da bambino.

Pile e pile di soldi... L'ho leccato. Mi è piaciuto.

Mi è piaciuto il suo odore. Mi è piaciuto il suo sapore.

Ho persino lavorato in banca durante le estati dei miei anni di college perché amo i soldi. Mi piaceva quando passavano i camion della Brinks. Andavo lì con loro e giocavo con tutti i gioielli e i soldi. L'ho imparato da lui.

Ma è diventata questa polarizzazione sui soldi a causa di ciò che pensavo di mia madre, che sentiresti fino all'anno prossimo se iniziassi. È stata la mia migliore risorsa per le mie migliori cose da comico stand-up nella mia facilitazione. Ho imparato così tanto da lei.

Ho dovuto allinearmi e concordare con lui mentre resistevo e reagivo a lei, e questo ha creato tutte queste diverse bugie sui soldi. Ho dovuto realizzare quello che lui mi stava dicendo in un modo, ma anche quello che lei era per me in un altro modo.

E quando si concretizza una realtà disparata, non si ottiene altro che catastrofe e crisi.

Ora, il "cosa". Cosa sei quando sei la comunità: tua madre, tuo padre, il nasconderti, il non condividere, tutte le cose di cui abbiamo parlato.

Cosa stai diventando? La verità.

Cosa fai con i soldi quando vivi nella "città dei chi"? Vivi nella " città dei chi ", che è la " città dei poveri ".

Cosa stai diventando? Stai diventando i pensieri e i sentimenti di tutti gli altri. E quando ciò si concretizza, cos'è?

È una bugia. Non è vero.

Non sei tu.

Ma letteralmente, cosa stai diventando quando stai

mentendo? Come si manifesta per te? Cosa stai diventando?

Stanco. Costretto. Questo è il "cosa".

Quindi eccoti qui a rappresentare il "chi": tuo padre, tua madre, la tua comunità, il mondo, giusto?

E ora sei il "cosa", che è lo schiavo, il "non posso, non lo farò".

Questo "cosa" è una bugia. E "chi" non è nemmeno tuo, ma lo stai attualizzando e lo stai vivendo. Quindi, allora diventi lo schiavo. La costrizione. Quello malato. Quello cronico, stanco. Il "Non importa quanto ci provi... ho fatto così tanto... tutto avrebbe dovuto essere già cambiato a quest'ora. Ho speso così tanti soldi".

Sai cosa succede quando credi? Lasci il tuo corpo alle spalle.

Quindi tutto il "cosa " - questa energia di costrizione - per cui rischieresti tutto e per cui abbandoneresti il tuo corpo, deve essere modificato per sempre.

Perché so per me stessa che quando scelgo per me, mi impegno con me stessa e collaboro con l'universo, cospirando per benedirmi. Sto creando; mi preoccupo di tutti, me compresa.

Ma sono ancora più intelligente e so quando qualcuno mi dice qualcosa che o vuole cambiare o mi sta semplicemente mentendo.

Se scegli di aiutare qualcuno senza la sua esplicita richiesta, c'è il rischio che possa sviluppare risentimento nei tuoi confronti. E poi questo ti rimarrà attaccato come la colla.

Quindi, tutto il loro odio, tutta la loro proiezione, tutta la loro separazione che hai bloccato sul tuo corpo, creando il "chi" e il "cosa" come tua realtà finanziaria, devono essere sistemati.

13

CONTANTI CONTRO DENARO

Hai mai pensato alla differenza tra come ti fanno sentire i soldi e come ti fanno sentire i contanti? Hai mai pensato che uno sia più denso dell'altro?

Potresti capovolgerlo come preferisci, come è giusto e leggero per te. Non c'è niente di scolpito nella pietra.

Ho fatto un workshop, una serie di telecall, chiamato Losing the *Lack of Cash Flow* . Ho trascorso otto settimane solo in contanti, anche se so che i contanti sono soldi.

C'è solo qualcosa di separato, e non ho una risposta diretta per te su questo. Posso darti il mio interessante punto di vista.

So di avere soldi in banca, una pensione e investimenti. E so di avere contanti. Ma i contanti che vorrei avere sarebbero in un modo diverso dai miei soldi. Mi piace averli nel mio portafoglio, anche se non tutti i miei soldi ci stanno.

Quando viaggio, cosa che faccio molto in giro per il mondo, mi piace avere contanti e un sacco di contanti. Mi piace sempre sapere che, per esempio, quando sei in India e ti rubano la carta e non puoi tornare negli Stati Uniti, e loro non sanno che sei tu perché il tuo cellulare non riceve il codice che devono inviarti per dire loro che sei tu e che non hai soldi e non puoi andare da nessuna parte con quelli, questa è un'energia in cui non voglio essere.

E ci sono finito troppe volte, così come ho visto zero sul mio conto in banca troppe volte.

Quindi, mi piace avere soldi e mi piace avere contanti. Mi piace giocare con entrambi. Questo è il mio punto di vista interessante. E ci possono essere anche un sacco di bugie associate a questo. Questo mi ricorda la mia interazione di workshop con una partecipante. Quando le ho descritto le mie opinioni su contanti e denaro, ha risposto con la sua curiosità.

Ha detto, "Quindi questo è buono. Grazie per la precisazione perché lo porta da qualche altra parte. Con i contanti, quindi, per quanto riguarda il tuo punto, mi sto rendendo conto che i soldi sembrano più comodi e sicuri perché sono quasi intangibili. I contanti sono tangibili e, forse perché dove sono cresciuta, avere quella quantità di contanti catturava molta attenzione e potevi essere derubata in quel modo. Andare in banca e prendere un'enorme quantità di contanti era così spaventoso".

"Dove sei cresciuto?"

"Venezuela."

"Sì, lo so bene. Il Venezuela, il paese dei due libri. Quello che mostri tu e quello che nessuno sa."

"Detto questo, mi chiedo se dietro ci sia una bugia, perché mi sento a mio agio con i soldi, ma quando si tratta di contanti ..."

"C'È una bugia. L'hai appena detto, che, "Se metto i soldi in cassa, verrebbero derubati. Verrebbero derubati. Quindi, ecco il 'chi' proprio lì. Questa è la bugia."

Aveva vissuto una bugia, ovvero che i soldi venivano sempre rubati. E questo deve averle creato un sacco di problemi, come si può immaginare.

Supponiamo che la bugia sia il mozzo di una ruota e che tu ci creda.

Devi prendere i raggi della ruota per tenere quella menzogna in posizione. E poi devi mettere il cerchione attorno per tenere la ruota in posizione e poi la gomma attorno, e poi devi farlo di nuovo dall'altro lato.

Sei così strettamente avvolto nel tuo punto di vista fisso che niente altro che essere derubato dei tuoi soldi può arrivare a te. Quindi invece di "Vengono i soldi, vengono i soldi, vengono i soldi", è come, "Rubami, rubami, rubami, per favore. Prendimi, prendimi, prendimi".

È come dire: "Chiedi e ti sarà dato". L'universo cospira per benedirti. Non c'è alcuna discriminazione tra ciò che dai e ciò che ti dà. Ti dà esattamente ciò che stai chiedendo.

Se credi che qualcuno ti mentirà, rintraccerai quella bugia. Se credi che qualcuno ti ruberà, attirerai quel ladro. Se credi di dover aiutare qualcuno e di poter fornire meglio di quanto lui possa fornire a se stesso, ti faranno rubare la roba o la metteranno sotto copyright, o qualsiasi cosa.

Sono tutte posizioni fisse. E limitano il tuo potenziale.

14

SENTENZE

Quando sono stato curato da una malattia mortale con la guarigione energetica e Theta Healing™, avevo così tanta paura che le commissioni di licenza mi chiamassero e mi togliessero la licenza perché avevo messo le mani sulle persone. È un grande giudizio. Hai mai ricevuto una revisione del genere? Io ne ho ricevute un paio. Non è divertente. Quindi, trova giudizi del genere.

Prendi quell'energia, ovunque l'hai sperimentata in qualsiasi situazione della tua vita e percepisci dove la senti nel tuo corpo. Ora, solo per un momento, espandi la tua energia dello spazio a un milione di miglia, su, giù, sinistra, destra, davanti e dietro, percependo ancora dove quel giudizio ti ha colpito nella tua testa o nel tuo corpo.

Qualunque cosa sia, la tua più grande paura, la tua più grande preoccupazione, e ovunque sia, inspira energia dalla parte anteriore del tuo corpo, dalla parte posteriore del tuo corpo, verso destra, verso sinistra, su attraverso i tuoi piedi, giù attraverso la tua testa.

Ora diventa grande quanto la Terra.

E sempre più grande, continuando a percepire quel giudizio.

Ora, tira fuori quel giudizio: "Sono pazzo, sei pazzo, sei uno stronzo, non dovresti fare quello che stai facendo, non meriti questa licenza, quella licenza, sei solo narcisista, vuoi solo i miei soldi, sei un pazzo. Dovresti essere colpito, ucciso, mutilato, torturato, sventrato (è un'altra vita) - qualsiasi cosa sia, tirala fuori fino in fondo.

Ora capovolgi quella molecola, ovunque tu percepisca quell'energia nel tuo corpo, se è ancora lì. Rimanda quel giudizio al mittente con consapevolezza e dimmi cosa noti.

Più leggero, più espansivo o più denso e più costrittivo?

Uno, non ti sei intrappolato nel giudizio. Due, hai preso il giudizio e lo hai espanso come spazio. Quando il giudizio e la densità vengono colpiti dallo spazio, la densità si libera e lo spazio prevale .

La maggior parte di noi si limita, si difende e fa la cosa americana, che è la cosa della società litigiosa. Andiamo da un avvocato. Giusto? Limitiamo e difendiamo.

Invece di farlo con giudizio, che è la cosa intrinseca da fare, lo esplodiamo espandendolo come spazio, tirandolo attraverso di te, chiedendo al tuo corpo cosa c'è oltre e creando spazio, che poi ti dà più opzioni, più scelte, più possibilità, e non sei più bloccato nel bambino di catrame di qualcun altro.

Fai quello che ti ho detto o quello che ti ho guidato a fare, perché questo ti darà la possibilità di uscire dalla bugia del "chi" e del "cosa" in cui ti stai trasformando, invece che dalla realtà finanziaria che è vera per te.

Quando sei nella scelta, nella possibilità, nella creazione e nella generazione, stai aggiungendo.

Quindi, tutti i giudizi che hai paura di ricevere, ne riceveresti un po' di più in modo da poter ricevere la prosperità finanziaria e l'abbondanza che sono veramente tue?

Quindi, se ti aggrappi ai giudizi, limiti la quantità di denaro che puoi avere e limiti la quantità di denaro che puoi ricevere dalle persone. Questa è la cosa strana, quindi questa è un'altra bugia.

La bugia è che se blocchi i giudizi sarai libero.

Ma quello che voglio dire è che se ricevi sentenze finanziarie, avrai più soldi, più liquidità e più scelte.

E cosa ci vorrebbe per creare cento milioni di dollari al giorno? Perché uso cento milioni? Perché ci sono così tanti giudizi in esso e ci sono anche così tanti modi in cui non puoi nemmeno mettere in alcuna forma, struttura o significato intorno ad esso. Quando la densità incontra lo spazio, la densità si dissipa. Quando lo spazio incontra la densità, lo spazio prevale. Quando lo spazio prevale, scelta, possibilità, contributo. Cha-ching, cha-ching, cha-ching.

Arrivano i soldi, arrivano i soldi, arrivano i soldi, arrivano i soldi.

Ripetilo insieme a me: "I soldi arrivano, i soldi arrivano, i soldi arrivano" e percepisci cosa significa per te.

Ecco il tuo compito:

Chiediti: "Qual è la mia realtà finanziaria?" Scrivilo e attaccalo allo specchio, sul tuo blocco note o pronuncialo al tuo registratore audio.

Se ti trovi in un "chi" o in un "cosa" o ti rifiuti di vedere i giudizi, chiediti: "Cosa creerà?" È la stessa domanda, ma con due prospettive diverse.

Vuoi attualizzare l'energia, lo spazio e la consapevolezza della tua realtà finanziaria e vuoi eliminare l'attualizzazione del "chi", del "cosa" e il rifiuto di accettare giudizi, in modo da poter ricevere la tua realtà finanziaria.

"Quindi, cosa posso essere o fare oggi per ricevere subito la mia realtà finanziaria?"

Devi scegliere di essere te stesso. Scegli di impegnarti con te stesso. Scegli di collaborare con l'universo, cospirando per benedirti e scegli di creare.

Quindi, ancora una volta, le domande sono:

Cosa creerà questo? Chi sto diventando?

Cosa sto diventando?

A quali bugie sto credendo?

Se fa parte della tua realtà finanziaria, allora accetta i giudizi e continua a scegliere per te, a creare per te, a collaborare con l'universo che cospira per benedirti e poi a impegnarti per ciò che sai essere vero.

Ricordati che sei un essere infinito che può creare infinite possibilità.

Non limitarti mai. Non costringerti mai. Non ingabbiarti mai. Non distruggerti mai.

E vai là fuori a fare ciò che ami nella tua autentica realtà finanziaria.

15

LA LUCE, GIUSTA E SPAZIOSA

Voglio che ti prenda un momento per notare il tuo corpo e la tua mente, come li percepisci e li senti, perché dopo la fine di questo capitolo potresti sentirti diverso, più spazioso.

Lasciatemi prima condividere una breve storia; è una piccola cosa divertente che faccio nei miei workshop. Spesso, durante i workshop su denaro e libertà finanziaria, tiravo fuori una mazzetta di soldi all'inizio della lezione... perché, beh, era divertente. E a quanto pare ero davvero ossessionato dalle banconote da cento dollari. Diamo così tanta energia a questo pezzo di carta, giusto? E in più, è davvero fantastico avere una molletta per soldi in oro 14 carati per tenerlo insieme.

Lo dico perché solleva così tante proiezioni, giudizi, paure, desideri e rabbia. Ed è questo che faccio per vivere: parlare di tutte queste cose su qualcosa del genere.

Quindi, porterei prima questa mazzetta di soldi, di proposito. Farei sì che le persone guardassero alla realtà del denaro, a ciò che era fisicamente. E voglio che voi, miei lettori, facciate lo stesso.

Quanti di voi, me compreso, si sono piegati, storpiati, mutilati e punti metallici nel tentativo di guadagnare cento dollari, o anche solo un dollaro?

Ecco perché dobbiamo scoprire le bugie del denaro, a causa della misura in cui ci sforzeremmo di metterci le mani sopra. Almeno, meritiamo di conoscerne la verità.

Scoprire bugie radicate può essere immensamente potente. Quando ho iniziato a scoprire che potevo curare malattie pericolose per la vita senza farmaci, ospedalizzazioni, anestesia o l'aiuto di chiunque altro che non fosse me e la mia scelta, ho deciso che, come coach, terapeuta e dottore in psicologia, i miei clienti dovevano saperlo.

Ero nervoso all'idea di prendere questa strada, ma non mi importava perché avevo una malattia. Ero sul divano e non riuscivo ad alzarmi. Avevo dolore.

Ho perso la mia attività, il mio studio, la mia pensione, i miei risparmi, la mia casa: ho perso tutto, sotto un certo aspetto.

Qualcuno di voi è mai arrivato a quel punto con i soldi in cui non aveva niente? Non lo auguro a nessuno, ma questa è la vera storia.

C'è stato un periodo della mia vita in cui non avevo altro che zeri che mi guardavano. Non c'era nessuno a cui rivolgermi, non c'era nessuno a cui chiedere, non mi era rimasto niente, e ho dovuto prendere una decisione che, a qualunque costo, avrei cambiato qualsiasi cosa non mi avrebbe fatto avere soldi, che non poteva farmi avere soldi.

E quello che ho scoperto è che non aveva nulla a che fare con nulla al di fuori di me.

Dipendeva tutto da ciò che avevo dentro e dai miei sistemi di credenze.

Cosa sono queste bugie sui soldi che dicono: "Ci deve essere qualcosa che non va in me se non riesco a capire quello che capiscono tutti gli altri?"

Be', la verità è che non c'è niente di sbagliato in te. È solo una scelta.

Cosa c'era in me che non mi permetteva di avere soldi? Voglio dire, ho fatto un sacco di soldi. Ho un sacco di lauree, istruzione e formazione. Potrei sempre lavorare. Ho iniziato con un giro di giornali da quando avevo 8 anni e ho lavorato da Dunkin' Donuts facendo ciambelle a 14.

Ho sempre avuto soldi e ho sempre lavorato, ma non ho mai avuto problemi con i soldi.

Ho sempre guadagnato ogni centesimo che ho mai messo da parte. Se non potevo lavorare, non facevo soldi. L'ho imparato molto presto da mio padre, con gratitudine, anche se, in seguito, ha anche causato qualche problema.

Quando morì, ero all'estero, in Australia. Non sapevo nemmeno che fosse malato o che mi avesse lasciato come esecutore testamentario. Non avevo un piano di riserva, e questo dopo la malattia mortale.

Il mio primo momento con zero, fermo in una stazione di servizio, senza sapere come avrei fatto a fare benzina in quanto persona istruita e con licenza professionale, è stata una bella pillola da mandare giù. Ho letteralmente pianto a dirotto, cercando di capire cosa diavolo avrei fatto. Non mi era mai successo.

Ciò di cui sto parlando potrebbe sembrare un po' estremo per alcuni di voi, perché non avete questa esperienza.

Lo capisco. Ma dico sempre ai praticanti con cui lavoro che puoi insegnare e facilitare qualcosa solo se sei arrivato fin lì tu stesso.

I soldi sono qualcosa con cui ho lottato, e qualcosa in cui ho avuto molto successo. Ed è qualcosa con cui sto ancora crescendo perché non ho risolto tutti i problemi finanziari e tuttavia sono per il progresso, non per la perfezione.

Non sono sistemato al cento per cento come vorrei, ma posso dirti questo: ci arriverò, qualunque cosa accada, qualunque cosa serva, qualunque cosa dovrò perdere, qualunque cosa dovrò chiudere, qualunque cosa dovrò escludere, qualunque cosa dovrò fare, qualunque cosa mi chiami nel mondo.

Sceglierò ciò che è leggero e giusto e ciò che funziona meglio per me dal punto di vista finanziario, emotivo, spirituale e fisico.

È così che il denaro mi arriva, con verità e luce.

I soldi arrivano alla festa del divertimento. I soldi arrivano a ciò che è leggero e giusto per te. I soldi arrivano quando vivi in modo fedele a te stesso. I soldi arrivano quando sei autentico. I soldi arrivano quando sei felice.

Non mi è mai piaciuto ascoltare le persone che facilitano quando dicono di avere tutto sotto controllo. Non mi fido quando hanno tutto sotto controllo e sanno tutto, o quando ci sono passati e hanno fatto quello. Non mi fido. Mi fido di una storia autentica e genuina.

Abbiamo tutti roba. Abbiamo tutti bagagli.

Ci sono tutte queste aree della tua vita: fisica, mentale, emozionale, spirituale, psicologica, psicosomatica, psicoenergetica, psichica, relazionale. Ci sono sempre quattro o cinque aree che funzionano bene per te, e poi una o due o tre che non lo fanno.

Per me, e per molti dei clienti con cui ho lavorato, gli ambiti in cui ho avuto maggiori difficoltà sono stati i soldi, il corpo, la salute e le relazioni.

Conosco i miei scheletri e so cosa c'è nel mio armadio, gli abusi che ho subito, e parlo ogni giorno a 205.000 ascoltatori a settimana nel mio programma Voice of America di come andare oltre gli abusi, gli abusi finanziari, gli abusi sessuali, le limitazioni e le costrizioni, per arrivare a ciò che ho definito vitalità radicale, che significa scegliere per te, impegnarti con te, collaborare con l'universo che cospira per benedirti e poi creare.

Oggi, non c'è niente nascosto sotto nessun tappeto. Non ho paura di niente. Posso affrontare qualsiasi cosa. Ho perso tutto. Ho guadagnato tutto. Mi sono trasferito. Ho lasciato andare la mia pratica. Ho lasciato andare un'attività. L'ho creata di nuovo. L'ho chiusa. L'ho creata di nuovo.

Ho scritto libri. Ho pubblicato libri. Non ho pubblicato libri.

Continuo a scegliere ciò che è leggero e giusto per me, indipendentemente dal trauma, dalla tragedia e dalla storia che ho.

Saresti disposto a rinunciare a un po' della tua tragedia, del tuo trauma e della tua storia che concretizza il non avere tutto ciò che desideri con i soldi e mentre potresti non avere tutto ciò che desideri con il tuo corpo, le tue relazioni e la tua attività? Forse solo un cambiamento di un grado?

Abbiamo ancora il resto del mondo con cui parlare e se vuoi aprire uno studio e far sì che le persone vengano da te, non puoi alienarle con un linguaggio che non capiscono, giusto?

La mia strategia è quella di variare di un grado, quindi copro tutti: tutti possono fare una scelta.

Non importa cosa fate, non vi conosco tutti. Credo che siate guaritori di qualche tipo: praticanti, ricercatori istruiti.

Ho la profonda sensazione che ognuno di voi abbia il proprio RUGGITO, la concretizzazione fisica del proprio tsunami, vulcano, terremoto, che queste vite siano dentro di voi e che concretizzando la vostra autenticità, cambiate il mondo.

Quindi, cosa c'entra tutto questo con i soldi? C'entra con questo: la verità, leggera o pesante.

La luce è un po' frizzante ed espansiva, come uno champagne eccellente. Sai che le bollicine sono buone in cima.

La densità, la pesantezza, è come strisciare in una palla. Forse lo senti nelle viscere. È costretta. È una limitazione. Potresti sentirti un po' stanco o fare un grande sbadiglio.

Quindi, ecco la mia domanda per te, poi decidi tu come ti fa sentire, Verità, Leggera o Pesante.

Stai vivendo la tua realtà finanziaria? Verità? Leggera o pesante?

Se sì, allora hai tutto ciò che desideri? Verità? Leggero o pesante? Nessun giusto o sbagliato.

Ripeterò ora le tre domande fondamentali che costituiscono l'essenza di questo libro. Puoi usarlo sempre quando si tratta di soldi. Scrivile:

1. *Chi sei?*

2. *Cosa stai diventando?*

3. *A quale bugia stai credendo?*

Quindi "Chi sei, cosa sei e a quale bugia stai credendo?"

Molto semplice...

Ora, questo potrebbe non sembrare correlato a soldi o contanti o cose del genere, ma posso dirti che, stasera, inizierai a vedere qualcosa: che ciò che pensavi fosse la tua realtà finanziaria non lo è, e l'energia che hai messo nella tua realtà finanziaria non lo è. E smaschererai la bugia che hai reso vera ma non lo è.

Comincerai a toglierti i paraocchi, il mantello, il costume che hai indossato nel tuo conto in banca, nei tuoi affari, nei tuoi rapporti sessuali, nelle tue relazioni, nel tuo essere genitore, nel tuo rapporto con i tuoi animali, nel tuo rapporto con le tue auto, nel tuo rapporto con la Terra.

E quando inizi a svelare il mantello, allora inizi a svelare te stesso.

È allora che RUGGITI, che la concretizzazione fisica del rombo, del terremoto, dello tsunami, del vulcano – unicamente e unicamente tu – inizia a manifestarsi.

Ed è allora che entra in azione anche la Provvidenza e le cose cominciano a volgere al meglio.

Non sono gli angeli del parcheggio a darvi i posti auto, amici miei.

Sei tu che ti fai avanti per essere ancora più te stesso.

Per esempio, una volta, dopo un preavviso di 90 giorni, ho licenziato tutto il mio staff. Ogni singola persona. È stato il rischio più grande che abbia mai corso per scegliere per me in termini di attività, perché ero qualcosa che, nell'attività, non funzionava. Cercare di far lavorare le persone per me non funzionava.

C'era un'energia che stavo avendo, era come il gioco del telefono. Dicevo, " Fai il compito A", e diventava qualcosa in mandarino, russo e spagnolo, e quando tornava da me, dicevano, "Ecco, l'ho fatto", e io dicevo, "Ma non è esattamente quello che ho chiesto".

È un esempio un po' estremo, ma è il meglio che riesco a spiegare.

E poi c'era quest'altra energia attorno alla bugia del modo in cui dovevo fare soldi, che è lavorare fino allo sfinimento. Notate cosa ho detto di mio padre fin dall'inizio: lavora sodo e non avere nessuna comodità.

Farlo in 90 giorni non è stato un tipo di abbuffata e purga. È stato molto pragmatico nei tempi. Direi:

"Stiamo arrivando ai 30 giorni; ecco cosa dobbiamo colpire. Ecco l'obiettivo. Facciamolo, ba da da da da ." Era chiarissimo fin dall'inizio, ma devo dirti che sono spaventato a morte.

Assolutamente, totalmente vulnerabile.

Un ex mentore mi ha chiesto: "Quanto ti costa tenerli? Quanto ti costa tenere il tuo staff?"

"La mia salute, i miei capelli grigi. Ne sto ottenendo altri."

Poi ho detto: "Voglio davvero andare con quest'altra società di marketing che penso possa portarmi dove voglio davvero andare e cosa voglio davvero fare con i libri, il programma di certificazione e tutto ciò per trasferire il trauma da questo pianeta ".

Condivido questo con voi perché lo sto vivendo. Mi rifiuto di vivere secondo la menzogna del denaro e mi rifiuto di essere ancora schiavo del denaro. Mi sono rifiutato di essere ancora schiavo dell'abuso, proprio come mi rifiuto di essere schiavo di qualsiasi cosa che non sia luce e giusto e parte del mio ROAR (Radically Orgasmically Alive Reality).

Quindi, volete unirvi a me in questo? E lasciate andare tutto ciò che non vi permette di vivere di più, sapere di più, essere di più, ricevere di più e percepire chi siete veramente oltre questa realtà e portarlo in questa realtà.

Lasciate che vi mostri come funziona tutto questo condividendo un'interazione da uno dei miei workshop. Stavamo discutendo delle Bugie del Denaro e potevo sentire l'energia nella stanza cambiare. "Notate... sta diventando più pesante e denso qui dentro o più leggero e libero?" Ho chiesto. I partecipanti hanno risposto all'unanimità, "Più leggero".

Sentendomi incoraggiato, chiesi: "C'è qualcosa che vorresti chiedere?"

Un partecipante ha esitato prima di tuffarsi. "Cavolo, così tante cose. Cominciamo dal mio lavoro. Guadagno a ore e vorrei un lavoro da ragazza grande e, in ultima analisi, una mia azienda. Mi sento davvero, davvero incazzata di essere qui quando so che potrei esserci."

"Allora, chi sei quando sei qui?" chiesi, curioso di sapere quale energia incarnasse.

"Mia madre", ammise con un senso di frustrazione.

"E cosa ti piace dell'essere tua madre nel tuo lavoro? Cosa ti piace dello trascinarti al lavoro con te ogni giorno? Prenderti le pause al lavoro con tua madre", ho indagato, desiderando che esplorasse le dinamiche sottostanti.

"Fa schifo", rispose lei, con evidente malcontento.

Poi ho ampliato la domanda, coinvolgendo altri. "E quanti di voi stanno facendo la stessa cosa con le proprie mamme? Quindi, chi siete, vostra mamma? Cosa amate dell'essere vostra mamma?"

"È sicuro", ha affermato un altro partecipante.

"Okay. Allora, dimmi cosa c'è di sicuro nel portare in giro tua madre, mangiare per lei, pensare con lei, fare le tue scelte sui tuoi affari con lei quando vuoi essere là, ma resti qui. La verità. Qual è la bugia con cui stai vivendo?"

"Non sono abbastanza bravo finché non ho questo", ha confessato il partecipante, mettendo a nudo una convinzione profondamente radicata.

"Non sei abbastanza bravo per avere ciò che lei vuole. Non sei abbastanza bravo per avere ciò che vuoi. Verità. Qualcun altro vuole rinunciare all'uno per cento di 'Non sono abbastanza bravo per avere ciò che voglio?'" ho sollecitato, invitando gli altri a riflettere.

"Allora, cosa ti piace del fatto di non essere abbastanza bravo da ottenere ciò che desideri?" continuai.

"Non ho bisogno di espormi", ha ammesso.

"E se riesci a nasconderti e non ti metti in gioco, qual è la parte migliore di tutto questo mentre tu e la mamma restate dietro la scrivania e il vostro stipendio, la paga oraria? E non arrivi mai dove vuoi essere?"

"Puoi nasconderti", ammise.

"Lo so", ho empatizzato. Ho percepito il peso emotivo che portava con sé.

"Tutto quello che faccio è connettermi con la sua energia, e le parole provengono da lì. Riesco a sentire la costrizione nel suo petto, e lei sta in un certo senso cedendo. Ma questo è quello che facciamo", ho aggiunto, riconoscendo i modelli familiari. "Sta prendendo una decisione sul non avere ciò che vuole scegliendo di rimanere connessa a ciò che è sua madre. Pensi che questo influenzerà i tuoi flussi di denaro?"

"Sì", rispose lei, riconoscendone l'impatto.

"Energeticamente? A tua madre piacevano i soldi?"

"NO."

"A tua madre piaceva il suo lavoro?"

"NO."

"Restava al lavoro anche quando non ne aveva voglia?"

"Potrebbe andare in pensione subito, ma non lo farà", ha detto la partecipante.

"Quindi è rimasta al lavoro anche quando non voleva?"

"Sì."

"Esatto. Rimani al lavoro quando non vuoi restare al lavoro?"

"Sì", ammise, riconoscendo il parallelismo.

"Ora, per favore, a meno che non sia una cosa leggera e giusta per te, non andartene da qui e non lasciare il tuo lavoro se non hai qualcos'altro da fare, perché penso che ci sia anche un modo per essere pragmatici", lo ammonii, comprendendo la complessità delle decisioni del mondo reale.

Le ho detto: "Il tuo lavoro ti dà soldi, ma la tua attività e il tuo ROAR sono dove vuoi davvero essere, e questo ti darà tutto, compresi i soldi. La maggior parte di noi sceglie di rimanere per i soldi e trascuriamo il nostro essere scegliendo ciò che stai scegliendo".

Questa magnifica persona stava scegliendo una realtà finanziaria che non era la sua. Alcuni di voi non vogliono lasciare le proprie mamme. C'era un film intitolato Throw Mama from the Train. Forse dovreste guardarlo.

Ho tenuto un workshop in California per 15 anni chiamato LEAP, che stava per *Life Empowerment Action Program* . Un giorno, abbiamo preso un grande foglio di carta bianco e uno dei miei assistenti ci ha disegnato sopra dei soldi. Ho chiesto a tutti di prendere una penna nera e ho detto: "Scrivete tutte le vostre proiezioni sui soldi, tutti i vostri odi, tutti i vostri giudizi".

Pensavo che ce ne sarebbero stati forse tre.

Oh mio dio, non riuscivo nemmeno più a vedere i soldi.

C'erano le frasi più orribili che abbia mai visto scritte, e sono cresciuto in un ambiente molto rumoroso e caustico.

Ad esempio, *"Devi vendere l'anima al diavolo per andare avanti"*.

Ora, questo è un modo sicuro per farti allontanare dai soldi. Ma noi lo scegliamo sempre di nascosto.

C'erano cose lì che non posso ripetere qui perché suonerebbe orribile. Ma lo sai già: i giudizi, le proiezioni, le separazioni, le aspettative, i risentimenti, i rifiuti e i rimpianti sui soldi erano fuori dal mondo, straordinari.

E in quel momento ho pensato che non c'era da stupirsi che non avessero abbastanza, che dovessero lavorare sodo e, per quanto ci provassero, non riuscissero mai a liberarsi dai debiti, ma fossero sempre indebitati.

Non c'è da stupirsi che riuscissero a guadagnare soldi, ma non ad averli, a risparmiarli o a spenderli, che non potessero mai andare in vacanza e che dovessero avere tre lavori o sposare qualcun altro per avere soldi perché non riuscivano a vivere da soli, oppure dovessero chiedere soldi in prestito e continuare a chiederli in prestito alla famiglia, alle carte di credito o alle istituzioni e andare in bancarotta più e più volte.

Devi far uscire dal tuo corpo mamma, papà, tutta la cultura, il Vaticano e qualsiasi altra chiesa in cui credi, in modo da poterti sentire.

Questa è la domanda "Chi sono io?" Ora, "cosa" sei?

Quando sei la tua mamma, il denaro è la radice del diavolo incarnato, "cosa" sei? Sei un'infanzia trattenuta, spaventata, paralizzata, costretta, trattenuta dalle bugie che hai reso vere nell'essere.

Quindi, concentrati sullo spazio in cui senti leggero o pesante perché quando lo spazio incontra la densità, la densità si dissipa. Quando il tuo corpo sente un po' più di spazio, anche se lì c'è densità, concentrati sullo spazio.

La maggior parte di noi si concentra sulla densità, e la densità è la menzogna.

Non puoi cambiare una bugia. Puoi solo cambiare lo spazio e la verità.

Lo spazio, la verità, è la leggerezza dentro di te, quindi concentrati sulle molecole dello spazio dentro di te e chiedi loro di continuare a girare, girare e girare finché una parte maggiore di te non entrerà dentro di te.

Guarda come fai un grado. Quello è uno spostamento di un grado proprio lì per ottenere uno spazio come quello. Questo è un successo.

16

FATTI PAGARE

Collaborare con l'universo che cospira per benedirti significa sapere che l'universo ti sostiene, ma non puoi sapere che l'universo ti sostiene finché non lo fai tu.

Quante persone hanno provato a dirti che ti sostengono e tu hai risposto: "Non ci credo. Vattene via".

È perché non sai cosa significa avere le spalle coperte. Nessuno di noi lo sa davvero finché non iniziamo a scegliere per noi, a impegnarci con noi.

L'unico modo che conoscevo per esistere nel mondo era se qualcuno mi stesse fregando, letteralmente e figurativamente. Ci è voluto molto lavoro per disfare e rifare tutto questo, e per diffondere che ci sono brave persone al mondo che non sono lì per fregarmi.

La parte più difficile è stata far sapere che al mondo ci sono persone a cui non importa niente di me e che vorrebbero calpestarmi.

Devi essere consapevole di tutto.

Non so perché, ma ci sono alcune persone a cui non piaccio. Non sai che ci sono alcune persone a cui non piaci? E non ci sono persone che non ti piacciono al primo incontro, e non hai idea del perché?

È come quello che disse il mio nipotino quando mia madre cercò di farlo salire sull'elefante al circo quando aveva quattro anni: "Non per me, mamma. Non per me".

Ho dovuto imparare a prendermi le mie spalle e a cambiare le cose. Un ex mentore mi diceva sempre: "Con tutto quello che hai passato e gli abusi che hai vissuto, scelti e vissuti, come fai a essere così gentile e a interessarti davvero alle persone, e a investire nel loro cambiamento, nella loro crescita e nella loro trasformazione, così come nella tua?"

Ho pensato: "Non ne ho idea. Non sono tutti così?"

Fu allora che iniziai a considerare il fatto che c'è una differenza in me. Ora, non sto dicendo che non ci sia una differenza in ognuno di voi. Ed è questo che riguarda Soul Printing.

Un'impronta dell'anima è la nostra impronta digitale unica, il carattere e il contorno unici della nostra anima, il nostro ROAR. Se dovessimo avere un lavoro, un obiettivo o come vuoi chiamarlo, quell'intenzione è di scatenare quel ROAR, la tua impronta dell'anima sulle labbra di questa realtà.

Il mio ROAR è ciò che faccio con le mie lezioni, la pratica, la scrittura, il programma radiofonico e la transizione del trauma dal pianeta, andando oltre la gabbia dell'abuso, della limitazione e della costrizione verso una radicale vivacità. È questo che mi interessa. Ne parlo ogni giorno. Ne scrivo ogni giorno. Non so come diavolo ho fatto più di 100 programmi su Voice of America su questo argomento perché penserei che mi annoierei in questo momento, ma continuano a essere creati programmi.

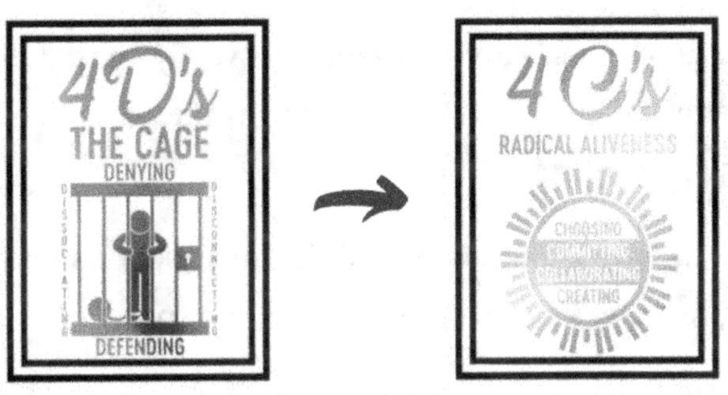

Tante persone chiamano al programma radiofonico per essere facilitate. Di recente ho avuto una signora che ha chiamato dall'Arabia Saudita, e ha dovuto parlare sotto una scrivania su Skype perché se fosse stata scoperta a fare domande su questo, sarebbe stata uccisa. Sto tenendo in onda quel programma per un'altra persona come quella che potrebbe non avere mai la possibilità di dire cosa è vero per lei, tranne che per quell'unico momento di spazio in Arabia Saudita. Questa è la mia impronta dell'anima.

Non so cosa farete tutti, ma qualcosa cambierà. Le persone e le cose in cui investite e siete coinvolti, i vostri figli, la vostra famiglia, i vostri flussi di denaro, cambieranno perché le guarderete in modo diverso. Quando vedrete quel conto andare giù e proverete quella sensazione familiare nel vostro corpo, forse direte: "Chi sono io adesso?"

Qualunque cosa cambi l'energia, ti svegli e dica: "Ok, se mi trovassi in questa situazione in questo momento, come mi sentirei?"

"Beh, mi sento piuttosto orribile , ansioso. Cosa posso scegliere che sia più leggero e più giusto per me?"

Prendi il telefono e chiama qualcuno, fai una seduta, o qualsiasi cosa. Vendi un condominio o una casa. Qualunque cosa, ecco fatto, hai i soldi.

"Cosa sto provando quando mi capita quella sensazione familiare e il conto in banca crolla?"

"Cosa sto facendo adesso?"

Di solito è patetico. Di solito sei spaventato, sopraffatto, bloccato, ottuso.

"Ok, come sta questo servendo ciò che sto creando? Sta distruggendo le mie creazioni o creando le mie creazioni?"

Se non crea le tue creazioni, allora fai una scelta diversa e fai tutto ciò che è necessario: esci di casa, fai una passeggiata, arrampicati sulla Terra, sali su un cavallo, arrampicati su qualcos'altro.

Qualunque cosa tu debba fare. Si tratta di fare, non di pensare. Si tratta di fare da uno spazio di percezione e ricezione. Quindi, la domanda migliore che potresti fare è: "Ok, questo sta succedendo. Quale bugia sto credendo in questo momento che ho dato per scontato essere vera?"

E quando ottieni la risposta, se è pesante, non crederci. È una bugia perché non puoi cambiare una bugia. Non puoi cambiare la pesantezza. Puoi cambiare solo facendo ciò che è leggero e giusto per te.

Ogni volta, segui ciò che è giusto per te. La luce genera luce.

Sono con te. Ti garantisco che hai intuito e molta brillantezza da offrire alla gente. E ti dico di farti pagare.

Fatelo pagare.

E ti garantisco che puoi creare qualcosa con le tue mani che nessun altro può. E dico, usa quei soldi della tua brillantezza per creare altra brillantezza per vendere altra brillantezza di te, così che quella tua brillantezza si manifesti nel mondo. Ogni volta che scorre, ne crea di più. Perché ti stai facendo avanti per essere il tuo ROAR, e tu che sei te stesso lo fai.

Quando qualcuno viene da me e apre la porta di un grado, posso dare il massimo. Posso salvare i migliori di loro. Sono un figlio di mezzo. So come superare le cose. Sono sopravvissuto a molte cose. Posso gestire molte cose, quindi presentami qualcosa, nessun problema. Ma ho dovuto imparare a ritirare la mia energia, espandere il mio spazio, usare le mie due orecchie e quando qualcuno entra per un lavoro individuale, dico: "Bene, quando te ne vai da qui cosa vuoi che ti venga lasciato qui, solo per oggi?" Di solito dicono: "Non lo so".

"Beh, mi stai pagando. Cosa vuoi fare?"

E li faccio venire avanti e dire cosa vorrebbero fare, così possiamo poi raggiungere quello spazio che li mette in grado di continuare a scegliere di più, che è la tua leggerezza.

La cosa più importante è fare ciò che ami, fare ciò che è facile per te, essere pagato per farlo e poi continuare a creare, perché questa è vitalità radicale.

Quando viviamo in un altro modo, siamo morti.

E non so voi, ma la morte non è divertente.

Notate quanto poco parliamo di soldi in questo capitolo perché è tutto lì. Il problema dei soldi che abbiamo non ha niente a che fare con i soldi. Ha a che fare con le bugie che abbiamo comprato come vere.

Tuttavia, quando parli specificamente di soldi e ti senti limitato dal denaro o stai cercando di creare qualcosa, chi stai diventando?

" Cosa sto facendo quando scelgo mia mamma e mio papà?"

"Quale bugia sto credendo che sto chiamando vera e che mi fa scegliere contro me stesso? Ora che so che sono mia madre e mio padre e non io."

Queste sono le cose più semplici che posso dirti di attraversare da solo. Ciò aprirà lo spazio per scegliere una possibilità diversa.

La domanda è: saresti disposto a fare lo stesso per te? Un grado in più?

Questa faccenda dei soldi è complicata.

In questa realtà c'è un'epidemia di abusi; è la norma di questa realtà: il disagio di essere noi stessi.

Le bugie del denaro riguardano il confronto, "Chi sono, cosa sono, quale bugia sto credendo che sia vera?" Non è un lavoro per i deboli. È un lavoro per il malvagio ROAR dentro di te che dice, "Non più. Non vale più la pena nascondersi dietro a questo".

Questo è quello che ho detto quando mi sono voltato e ho guardato tutti i decenni di perpetrazione e tutta la merda che ho dovuto affrontare.

Non più.

Non volevo esserne schiavo.

E se posso aiutare una persona con ciò di cui sto parlando, ne parlerò. E mi farò avanti perché anche molte altre persone come me ci saranno. Dopotutto, ne sto parlando. Loro possono vedere che non moriranno se dicono la verità.

Ma noi ci nascondiamo dietro i nostri massi, i nostri sistemi di credenze, i nostri punti di vista, nostra madre e nostro padre, il nostro lavoro, la nostra povertà, il nostro stallo, i nostri fallimenti, il nostro questo e il nostro quello.

E continuiamo a essere patetici.

Se stai leggendo questo, non c'è niente di patetico in te. Siete le persone che pretendono di avere soldi perché i soldi nelle vostre mani cambieranno questo mondo.

Il denaro nelle tue mani farà pendere il mondo sul suo asse, ma non le linee di faglia. E se lo fa, va bene perché sarai ROARing .

Sii te stesso, oltre ogni cosa, e crea la magia!

17
———

RINUNCIA ALLE BUGIE

Il denaro è un argomento così pesante per le persone. Porta a galla così tanta spazzatura e schifezza, negatività e distruzione, blocchi e pesantezza e paura: tutto sotto il sole, in pratica. Ma è anche per questo che merita di essere discusso, tanto quanto la salute, il sesso o le relazioni. Il denaro ha un impatto profondo sulle nostre vite e abbiamo i nostri problemi unici con esso.

Per me, il mio problema unico era che potevo sempre fare soldi ma non potevo mai permettermi di averli, tenerli. E poi ho iniziato a notare che c'era un modello nei miei clienti che avevano lo stesso "problema di presentazione", per cui potevano creare soldi, ma non li tenevano o li avevano mai.

Ho iniziato a osservare e a vedere queste persone con cui lavoravo, persone davvero fantastiche , soccombere sotto il potere di questo guru, di questo Dio che chiamavano denaro.

Poi, qualche tempo fa, qualcosa è cambiato completamente per me, finanziariamente ed energeticamente, e molte delle cose di cui ho parlato qui sono semplicemente scomparse. Non so nemmeno cosa sia successo.

Non è stato come una divisione dei mari, Mosè, e tutto il resto. Sembrava solo che cambiasse.

Ora, non significa che sia perfetto o che non posso fare di meglio perché, per me, sto sempre crescendo, giusto? Sto sempre migliorando.

Se ti curi da una malattia mortale senza medicine allopatiche, ne guadagni qualcosa. Io ne ho guadagnato qualcosa e ho messo tutto in gioco finanziariamente per farlo. È stata la migliore decisione finanziaria che abbia mai preso, e quello che ho imparato da questa è che guadagnerai sempre di più.

E così ho fatto.

Allineandoti costantemente a ciò che ti sembra leggero e giusto, e facendo il passo successivo che si presenta, segui naturalmente un percorso guidato dall'energia positiva. Questo allineamento non solo modella le tue azioni, ma riflette anche ciò che hai dentro. Di conseguenza, il denaro tende a seguire perché il tuo allineamento interiore e l'energia positiva creano un ambiente favorevole all'attrazione dell'abbondanza finanziaria.

Tuttavia, man mano che l'energia della mia realtà finanziaria cambiava, mi sono accorto che molte persone con cui lavoravo e molti colleghi non ne uscivano.

Se non capisci niente di quello che dico, va bene. Apprezzo quando le persone non capiscono perché, quando capisci, forse stai semplicemente imitando il punto di vista di qualcun altro.

E non voglio che tu ti sottoponga al punto di vista di qualcun altro, perché per così tanti decenni ci siamo tutti incarnati e abbracciati sotto il punto di vista di qualcun altro, e poi abbiamo chiamato quella la nostra realtà.

Ancora una volta, questo capitolo parlerà meno di denaro e di denaro contante, ma si concentrerà invece su tutto ciò di cui hai bisogno per creare il tuo "flusso di denaro" (o la sua mancanza) nel tuo conto bancario, nel tuo portafoglio, nei tuoi investimenti, nel tuo libretto degli assegni e nel tuo portafoglio in questo momento.

Tutto ciò di cui parleremo si concretizza nella tua realtà finanziaria.

Vedete, mio padre mi ha sempre parlato di relazioni. Ha detto: "Dicono che gli opposti si attraggono. Questo è quello che ho ottenuto. E vedi come ha funzionato per noi?" Stava parlando del suo matrimonio. E ormai, sapete tutti che quello era un altro problema e sono andato in terapia per questo.

Ecco perché ho preso una laurea in psicologia, così posso impedire ad altri di farlo. Ti insegnano cosa devi fare nella vita in un certo modo.

Mi ha detto qualcosa del tipo: "Stai con qualcuno con cui puoi collaborare, qualcuno con cui puoi lavorare, per cui puoi impegnarti e creare qualcosa insieme. Ma non mettere tutte le tue uova in qualcuno per farti la vita".

Ho preso le cose che mi ha detto in quei momenti come la migliore educazione finanziaria e aziendale che potessi ricevere.

Ricordo i miei primi giorni a New York, quando guardavo tutti camminare verso la stazione ferroviaria perché ci si aspettava che andassi a lavorare in città a New York. Ci si aspettava che salissi sul treno ogni giorno e lavorassi da qualche parte in un'azienda. Ci si aspettava che indossassi un abito ogni giorno, indossassi delle scarpe da ginnastica o da ginnastica e i tacchi nella mia valigetta, e camminassi fino alla metropolitana e arrivassi in città.

Questo è ciò che avrei dovuto fare.

Ricordo di aver guardato la luna fuori dalla finestra della mia camera da letto e di aver detto: "Dio, qualunque cosa tu faccia, non lasciarmi vivere una vita senz'anima".

Sì, un piccolo giudizio.

Per quello che ho visto, tutti quelli che camminavano verso la stazione ferroviaria, uomini e donne, nessuno era felice. Nessuno aveva un sorriso sul volto. Tutti sembravano sconsolati.

Nel frattempo, mio padre, in momenti passati in cantina, mi ha insegnato a essere davvero felice e a fare ciò che amo. Così, ho lasciato New York il prima possibile e sono andato a ovest. Quando sono arrivato in California , tutti dicevano, "Sì, è venerdì e lunedì. Andiamo in bici. E martedì e mercoledì o giovedì... andiamo in bici. Andiamo a fare un'escursione".

Ho pensato: "La gente non va forse a piedi alla stazione, va in città e lavora tutto il giorno?" No, lavoravano in jeans e pantaloncini corti, guadagnavano un sacco di soldi e avevano il sorriso sulle labbra, pensavo che questa fosse la mia gente.

Quei momenti con mio padre sono stati importanti, ed è lì che ho preso l'amore per i soldi. Quell'amore per i soldi di quei momenti con mio padre ha cambiato tutto per me.

In quegli anni ho dovuto lottare un po', ma ora, quando ricordo queste storie e l'energia del mio amore per il denaro, mi rendo conto che in realtà sta creando più soldi, più affari, più divertimento, più gioia, più comunione con la terra, sesso migliore e una relazione più felice con me stessa, una relazione sana con me stessa e con il mio corpo.

Quindi, c'era qualcosa in quei primi momenti, nel sapere che cosa sono i soldi, che cosa hanno di odore, di sapore, e la storia d'amore che ho avuto con loro, è stato davvero l'interruttore che ha acceso il rubinetto del denaro e il rubinetto del denaro per me. Altrimenti, non l'avrei mai saputo.

18

LA LIBERTÀ DELLO SPAZIO

Perché ti chiedo di rinunciare alle tue bugie sui soldi?

Perché tutto ciò che credi di qualcun altro che non è tuo, lo rendi vero per te, e poi non puoi mai cambiarlo o andare oltre perché non è tuo. Non puoi cambiare qualcosa che non è tuo.

C'è qualcuno nella sua vita che non cambia? Da oggi in poi, spero che vi chiediate: "È mio?"

Ancora una volta, è mio? È la mia convinzione? La mia realtà?

Perché se non capisci che è leggero, frizzante, frizzante e ampio quando ti poni la domanda "È mio?" e, invece, lo senti denso, compresso nelle viscere e pesante, allora stai credendo a una bugia.

Se ti sembra leggero, espansivo, libero, gioioso, allora è vero.

Per quanto mi è possibile, vorrei che tutti voi foste un po' più aperti di quando avete iniziato a leggere questo libro. Perché tutti noi arriviamo con i nostri punti di vista, la nostra realtà, i nostri desideri, i nostri problemi, le nostre questioni per cui abbiamo bisogno dei nostri fazzoletti, tutte le cose che ci siamo sentiti incapaci di superare.

E quello che ho scoperto con i miei clienti e con me stesso è che non sono nemmeno nostri.

Li abbiamo adottati.

Nessuna di queste cose ti riguarda.

Non sto solo chiacchierando con te davanti a un caffè e dicendo queste cose senza motivo. Le sto condividendo in modo che possiamo arrivare a qualunque cosa rappresenti per te quell'uno percento, e che spero contribuisca a farti uscire da qui e a ricevere una telefonata su chiunque ti debba dei soldi, che sta per versare un deposito sul tuo conto. O, se stai cercando una nuova posizione, che ti arrivi per posta in qualche modo, o via e-mail o per telefono.

Oppure che magari domani apri il giornale o cerchi su Internet e qualcosa che hai sempre desiderato, senza nemmeno saperlo, appare sullo schermo... qualcosa del genere.

Tornando a me e al mio processo, sono finalmente arrivato in Texas. L'unica cosa che sapevo del Texas erano i miei giudizi. Non sapevo nemmeno di avere un giudizio sul Texas.

Poi, quando sono arrivato in Texas, ho pensato: "Ehi, mi piace un po' questo posto".

Non lo capisco ancora e non ho bisogno di capirlo. C'è una spaziosità lì, una facilità, e mi piace la facilità.

Non si manifesta mai come pensi, come quell'invito a quella possibilità e alla vita che ho creato.

Ho venduto tutto, lasciato andare tutto, lasciato andare tutto e tutto ciò che non voleva venire con me quando ho lasciato la California. Non ho nemmeno venduto tutto. Ne ho venduto una parte e ne ho regalato la maggior parte. Non mi importava nemmeno.

Sapevo che era giunto il momento di andarmene e, quando è arrivato l'invito, sono andato.

Ciò che ha cospirato per benedirmi attraverso l'universo da quella scelta di seguire ciò che è luce e giusto mi ha reso felice. E non è stato per lavoro o denaro che ho preso la decisione.

Era la Terra. Erano i cavalli. Era il mio corpo. Era una scelta di una possibilità di relazione, e ha funzionato, all'inizio. Non l'avevo mai nemmeno immaginato.

"Wow, ecco cosa succede quando c'è luce e la luce è giusta, e la segui", starai pensando.

Sì, e anche la provvidenza si muove. L'universo cospira per benedirti. La parte peggiore del trasloco è stata che mi sono un po' depresso. Perché, dopo che mi sono trasferito e tutto stava andando così bene, ho dovuto guardare a ogni scelta che avevo fatto in precedenza che non era leggera e giusta per me.

E questo è parte di ciò che faccio qui in Lies of Money. Parlo di cose che ho attraversato. Non lo sto semplice-mente prendendo da un libro, o da una premessa, o è semplicemente accattivante scrivere un libro sui soldi. "Ehi, vieni da me. Ho le tue risposte su Lies of Money."

Il libro Lies of Money e i workshop sono ciò che ho imparato e visto seguendo esattamente ciò che sto dicendo qui; usandolo con i miei clienti e osservando la mia intera vita espandersi. Osservando il mio corpo, la mia salute, la mia felicità, i miei flussi di denaro, le mie lezioni e il mio denaro che cambia.

Ho idee che crescono, libri che ho scritto e a cui ho partecipato, e altre cose che si stanno realizzando e che non avrei mai pensato di realizzare. Cose che pensavo sarebbero accadute tra 20-30 anni stanno accadendo proprio ora, solo perché ho detto "Sì" a questa possibilità.

Quante possibilità hai avuto di dire "No" a cui poi il tuo "Sì" avrebbe cambiato tutto ciò che ritieni sbagliato nella tua vita in questo momento?

Ecco la più grande bugia sui soldi: vi deluderò davvero e mi dispiace.

La più grande bugia sul denaro riguarda i tuoi sistemi di credenze e le tue supposizioni sul denaro, nonché ciò che ti è stato detto a riguardo.

La maggior parte della mia storia, come ho riportato qui, riguarda me e il mio "processo" in relazione a ciò che questa realtà, o mia madre, mio padre o chiunque altro, mi ha detto sui soldi.

Ma non è mai una questione di soldi.

Questo piccolo pezzo di carta non significa niente. Questa cosa qui - quello che stai dicendo - è il rovinatore, il distruttore e il problema della tua vita.

Diciamo che questo ci dà felicità. Oppure diciamo che questa è la radice di ogni male.

Diciamo che dobbiamo impegnarci molto per ottenerlo.

Diciamo di avere valore solo se lo possediamo, che valiamo qualcosa per qualcuno solo in base a ciò che guidiamo, a ciò che indossiamo, a ciò con cui ci adorniamo e alle vacanze che possiamo fare. Non sto dicendo che tutte queste cose non siano belle, perché piacciono anche a me. Ma quanti di voi sono diventati dipendenti dal denaro come causa o fine ultimo della vostra gioia, della vostra felicità o del vostro valore?

Quindi, saresti disposto a rinunciare anche solo all'altro 1% della tua bugia secondo cui il denaro significa qualcosa per te, che il denaro è il tuo dio o il tuo guru, o che il denaro ha qualcosa a che fare con la tua autostima?

Saresti disposto a rinunciare a quell'uno percento in più?

E ovunque facevi la cosa della carota e dicevi: "Se solo avessi questa quantità di denaro, allora sarebbe meglio. Se solo facessi questo, allora sarei felice. Se solo ricevessi cinquantamila dollari, allora sarei felice. Se mi pagassero l'affitto del mese prossimo, allora sarei gioioso".

"Se ho questa cifra sul mio conto in banca, darò la mancia a quella persona."

"Non darò il venti percento perché mi hanno pestato il piede", ma in realtà è perché non hai quel venti percento in più nella tua mentalità.

Vi svelerò uno dei miei piccoli trucchi.

Ogni volta che avverto quella costrizione o quella gabbia attorno al denaro, ne do di più.

A volte è difficile dare di più, e a volte non è nemmeno con i soldi che do. A volte, è con il cibo o i vestiti. Passo in rassegna un sacco di cose, quando avevo un sacco di cose, e ho chiesto all'oggetto di dirmi a chi avrebbe voluto andare? E regalarlo o donarlo?

I miei amici mi adoravano. "Non voglio questa sedia. Non voglio questo divano. Ecco qua. Prendilo."

Preferisco stare seduta senza qualcosa piuttosto che stare seduta con qualcosa che non funziona più per me. Ci ho messo un po' per arrivarci, ma ho deciso. Ho preteso che tutto ciò che mi circonda, su cui mi siedo, tocco o metto sul mio corpo, debba dare una certa sensazione. Deve farmi sentire bene o farmi sentire bella. È morbido, non stretto.

Sì, chiedo al mio corpo cosa vorrebbe indossare ogni giorno. Di che colore, di che energia?

Sono queste le cose che le bugie ci impediscono di ricordare: il conforto, la facilità, la felicità.

Quindi, eccomi qui a ricordarvelo. Potete creare facilità; non dovete abbracciare la malattia.

19

**PERCHÉ FACCIAMO TUTTO QUESTO
PER I SOLDI?**

Allora perché facciamo tutto questo per i soldi?

Questa realtà ama puntare il dito. Se si tratta dell'altra persona nella relazione o del medico che non ti ha diagnosticato quando hai scoperto di avere qualcosa o di ciò che non c'è nel tuo conto in banca, ti senti fuori dai guai.

Ma ciò che non fa è cambiare il tuo modo di rapportarti al denaro.

Saresti disposto a cambiare il tuo modo di essere con i soldi anche solo di un grado in più? Allora, iniziamo con questa, un'altra bugia, #2.

La seconda bugia è che il tuo patrimonio netto equivale alla tua autostima.

Allora, dimmi, come mai devi avere soldi per essere degno? Come mai, solo essendo te stesso, non sei a posto finanziariamente?

Ci tornerò tra un momento, ma prima voglio condividere una storia. Quando ho incontrato per la prima volta Gary Douglas, il fondatore di Access Consciousness, stava facendo un po' di facilitazione su di me in un workshop di 7 giorni in Nuova Zelanda e mi ha detto: "Tesoro, sei una sgualdrina".

Ho iniziato a piangere perché credevo che fosse sbagliato essere una sgualdrina, e non sapevo di crederci a quel livello, o di credere che il motivo per cui venivo abusata era perché ero una sgualdrina. Credevo di aver fatto qualcosa di sbagliato.

E così mi ha detto: "Tesoro, vuoi sapere cosa intendo?"

Ho detto: "Assolutamente".

Lui chiede: "Hai un giudizio su qualcuno o qualcosa?"

"No, non proprio."

E lui disse: "Nonostante tutti gli abusi che hai subito, hai odiato la gente?"

"NO."

Lui disse: "Sai che è una cosa rara e diversa?" "Lo so."

E lui ha detto: "Puoi ricevere da chiunque. E puoi ricevere qualsiasi cosa, e quella sei tu. Quindi, vorresti incarnare la sgualdrina che sei veramente?"

E io ho detto "Cavolo, sì!"

Ma mi ha costretto a cambiare il mio giudizio su cosa significasse essere una sgualdrina, perché fino a quel momento era tutto legato agli abusi che avevo subito in passato.

Come persona che ha subito molti abusi, mi ci è voluto molto tempo per permettere al mio corpo di godere, dalla testa ai piedi, di una completa incarnazione orgasmica. E ho ancora un po' di roba intorno, ma è al novantanove virgola nove percento meglio.

Allora ho detto: "Ma cos'è una prostituta?"

E lui disse: "Ehi, tesoro, la prostituta si prende i soldi".

Ed è la verità, perché se lui o lei non può ottenerlo, c'è qualcuno che può andare a prenderlo.

Questo è ciò che voglio essere: colui che riceve tutte le cose belle.

Non sto dicendo che devo fare il pappone o essere inautentica. Non sto dicendo di fregare la gente o di ucciderla. E lui non stava dicendo questo; stava inquadrando qualcosa di così scandaloso per farmi pensare fuori dalla mia gabbia di ciò che non avrei ricevuto. È stato incredibilmente liberatorio in quel momento.

Voglio dire che tutto ciò che pensiamo potrebbe distruggere la nostra capacità di creare e realizzare se abbiamo un giudizio fisso.

Quando giudichi qualcuno, ti accorgerai che è come se il tuo cuore o il tuo corpo si contraessero, o che ti sentissi un po' ottuso, o che volessi tirarti indietro.

Quanto puoi ricevere da loro? È la stessa cosa con i soldi.

Più giudizi riesci a ricevere e più giudizi riesci a lasciar andare, più denaro fluirà e più denaro contante entrerà nella tua vita, e più riceverai ciò che desideri.

Qui sono passato direttamente alla bugia n. 3, che riguarda la ricezione e i giudizi nella tua vita.

Non sto dicendo di andare in piedi davanti alla stanza e dire: "Tutti, potete giudicarmi? Tiratemi i vostri dardi".

Quindi, tutte le relazioni che non hai più e che hanno lasciato un'impronta su di te a livello sessuale, le relazioni sessuali che non hai più, compresi i matrimoni che hanno lasciato un'impronta su di te, sui loro punti di vista sul denaro, sui loro punti di vista su di te, sui loro punti di vista sul denaro, sui loro giudizi su di te che ancora fluttuano nella tua coscienza cellulare, vorresti essere energeticamente separato da tutto questo?

Vorresti dissipare e rilasciare tutto questo sulla terra? Vorresti restituire loro qualsiasi cosa che sia loro con la coscienza annessa? Vorresti liberare tutto il tuo sistema sessuale dalla loro realtà? E lasciare che la tua sessualità fiorisca, sbocci? Con nuove possibilità?

Agisci ora. Distruggi le tue bugie ponendoti domande che le decostruiscono.

20

COSA STAI RIFIUTANDO?

Cosa ti rifiuti di essere quando metti i soldi nel portafoglio e gli chiedi cosa vorrebbe dire e lui risponde: "Non mi ami".

Cosa ti rifiuti di essere che cambierebbe immediatamente quell'energia?

Cosa vi rifiutate di essere con i soldi, se solo li foste, se li amaste, se li strofinaste, se li onoraste, se li rispettaste, se li baciaste, non mi interessa cosa ne fate, ma se li amate, se li create dalla gioia della possibilità di chi siete e di ciò che vorreste come realtà, arriveranno.

L'universo cospirerà per benedirti, ma devi scegliere e impegnarti con te stesso. È la tua occasione e hai libero arbitrio.

Impegnati con te stesso, non solo perché te lo dico io.

Altrimenti, non stai usando i tuoi soldi come una possibilità. E non stai usando i tuoi soldi come una possibilità perché non sei disposto a essere la possibilità.

Cosa succederebbe se tu fossi la possibilità di camminare e quella fosse la tua realtà finanziaria?

Uno dei partecipanti ai miei workshop "Le bugie del denaro" ha raccontato a questo punto: "Nella mia famiglia il denaro è sempre stato usato come punizione.

I miei genitori hanno divorziato e mio padre ha punito mia madre portandole via tutti i soldi perché la amava. Lui voleva stare con lei, e lei no, così siamo finiti a vivere a Parigi, ma in un piccolo appartamento, essendo poveri. Questo dopo essere stata la figlia di un ambasciatore e aver vissuto in una casa enorme nel posto migliore di Parigi."

Allora le ho fatto una domanda: "Cosa hai deciso in quel momento sui soldi, da quello che hai visto con tua madre e tuo padre? La verità?"

Primo pensiero, miglior pensiero, nessun pensiero."

Lei rispose: "Quei soldi erano cattivi".

"Esatto. Ora posso condividere qualcosa con te?

Il modo in cui hai appena parlato dei tuoi soldi lì, "Ma io faccio tutto", - è cattivo." Ho sottolineato il suo atteggiamento verso i soldi. E lei era d'accordo.

Ho continuato: "Ed è per questo che qualsiasi cosa tu voglia cambiare con i soldi non cambia, e non ha nulla a che fare con i soldi.

Dipende dal fatto che sei cattivo e scegli di essere cattivo, proprio come lo erano tua madre e tuo padre tra loro.

Quanta follia sei disposto a rinunciare stasera riguardo a ciò che i tuoi genitori ti hanno insegnato sui soldi?

Quanta follia? Perché puoi sentire quando inizi a raccontare la storia, era tipo, "Accidenti a Parigi, soldi, divorzio. Tiratemi fuori da qui, salvatemi, salvatemi".

Ma la realtà è che tutti noi abbiamo una certa follia riguardo al denaro.

Ecco perché la bugia n. 2 è che il nostro patrimonio netto ha qualcosa a che fare con la nostra autostima. Ecco perché ne facciamo una questione di soldi e andiamo a tutti questi workshop sui soldi in cui pensiamo che qualcuno ci darà la risposta al nostro flusso.

Beh, la risposta non è una configurazione o un calcolo, la risposta è che tu sei te stesso."

"Sei cattivo?" chiesi, cercando di comprendere la natura intrinseca di quell'individuo.

"Intrinsecamente, però, sei cattivo? Quando eri bambino e guardavi cosa facevano i tuoi genitori, ti piaceva?" Ho indagato ulteriormente, invitando a riflettere sulle influenze infantili.

"No, stavo per dire che sono stato molto cattivo, ma sì", è stata l'ammissione.

"Aspetta un attimo... questo è bello", feci una pausa, riconoscendo un momento cruciale. "Dì, 'Sono cattivo.'"

"Sono cattivo", ha risposto il partecipante.

"Di': 'Sono davvero cattivo'."

"Sono davvero cattivo, cazzo", ha ripetuto il partecipante.

"So per certo che non vorrei trovarmi dall'altra parte, da quella parte cattiva, perché potresti tagliarmi a metà, non è vero?" commentai, riconoscendo il potenziale per degli spigoli vivi.

"Oh, sì", ha affermato il partecipante.

"I soldi arrivano alla festa del divertimento. Non arrivano alla cattiveria, e una volta tagliati a pezzi, tutti scapperanno. Hai finito con la gente che scappa da te?" ho chiesto, indirizzando la conversazione verso una trasformazione.

Il partecipante ha poi rivelato un risvolto familiare alla narrazione. "Dato che mio padre non dava abbastanza soldi a mia madre, per vendetta, mia madre mi ha messo nelle scuole più costose del mondo, così che lui avrebbe dovuto pagare le scuole e spendere i soldi".

"Quindi, l'altra bugia di cui volevo parlare stasera è che il denaro è il tuo nemico, il denaro come tuo carnefice, non tuo alleato, ed è di questo che sta parlando qui", ho spiegato, collegando i puntini.

"Vorresti rinunciare a un'altra laurea?" chiesi, offrendomi l'opportunità di cambiare prospettiva.

"Sì", ha affermato il partecipante, mostrando la volontà di svelare gli strati del condizionamento passato.

Ed è così che siamo riusciti a scoprire le bugie di questa persona, portandola da una situazione di confusione e frustrazione nei confronti dei soldi alla volontà di trasformarsi, partendo semplicemente da un cambiamento di un grado.

Capivo da dove venisse perché è quello che ho passato anch'io. Anche mia madre usava soldi per noi, senza che lo desiderassimo, solo per esprimere la sua rabbia verso mio padre. Non volevo quelle bambole di cavolo cappuccio! Ero un po' maschiaccio e non volevo le bambole di cavolo cappuccio, ma erano gli anni '80 e andava molto di moda allora, e un bell'esempio di spesa da parte di mia madre come reazione alla rabbia verso mio padre.

Mia madre ne parlò a mio padre e disse: "Ho bisogno di più soldi per questo. Lisa, racconta a tuo padre di da, da, da, da."

E io ho detto, "Non l'ho nemmeno, tipo cosa? Sì, ho preso le Cabbage Patch Dolls, grazie papà."

Me ne sono andato e sono andato da qualche parte. "Oh mio dio, queste persone sono pazze. Cos'è questa realtà?" È folle il modo in cui le persone usano i soldi.

Sapeva qualcosa di meglio? No, quella era la loro dinamica, risentimento, rifiuto, rimpianto per i soldi.

Vorresti uscire dalla realtà di tua madre e di tuo padre, o da quella del poliziotto, dell'IRS o del tuo ex?

E saresti disposto ad abbandonare la cattiveria che hai scelto come tuo costume, come tua identità, in base a ciò a cui hai assistito?

Solo un grado in più perché dentro di te c'è una bellezza e una dolcezza che sono il vero te. Lo vedo, ma è sotto tutta questa corazza di quella cattiveria. E non c'è niente di più doloroso che vivere come non te con quella corazza.

Lo so perché l'ho vissuto anch'io.

Una volta che se ne sarà andata, una volta che te ne sarai liberato e sarai entrato in te, anche la Provvidenza si muoverà.

21

IL DENARO TI DÀ LIBERTÀ

Il denaro ti dà più libertà e controllo, giusto?

Questa realtà pulsa su di lui, vero?

Puoi combatterlo quanto vuoi e creare tutte le cose che vuoi, ma indovina un po'?

Se continui a fare questo perderai perché questa realtà vibra in modo diverso.

Cosa succederebbe se spendessi tutta la tua energia nel riceverlo invece di respingerlo? Chi saresti allora?

Quindi è una scelta.

Credimi, sviluppi delle limitazioni quando hai una pila di soldi sul bancone ogni settimana e osservi cosa succede. Sviluppi un'incarcerazione, e poi crei un'incarnazione ogni giorno.

È la stessa follia ripetuta più e più volte finché non ti dimentichi di avere una scelta diversa e che ciò che stai creando non è chi sei finché non ti svegli in quel momento e dici: "Mi rifiuto di farlo ancora. Sono me stesso".

C'era questa partecipante a un workshop, che ha messo a nudo un rapporto peculiare con il denaro, mostrando un'abilità nel generare fondi rapidamente ma alle prese con l'aspetto meno piacevole del rimborso. Impaziente di entrare nelle dinamiche sottostanti, ho chiesto: "Cosa ti piace dell'odiare il fatto di dover restituire i soldi alle persone?"

"È come se una volta che li ho ripagati, allora possono andarsene", ha confessato il partecipante. Ho riconosciuto l'emergere di uno schema e ho indagato ulteriormente, "Ha qualcosa a che fare con i soldi?"

"No", è stata la risposta, a conferma del distacco dall'aspetto finanziario.

"Bugia n. 1 in azione", ho sottolineato, sottolineando la disconnessione tra il problema percepito e le sue radici effettive. Incoraggiando il partecipante a vocalizzare lo schema, ho chiesto, "Dillo di nuovo, 'Quindi quando li ripagherò...'"

"Quando li avrò ripagati, allora potranno andarsene", ha ribadito il partecipante.

"E se se ne vanno, cosa succederà?" continuai, sbrogliando gli strati.

"Poi li perdo", ha ammesso il partecipante.

"E se li perdi, cosa significa per te?" chiesi, spingendo il partecipante a riflettere sulle implicazioni più profonde.

"Che non piaccio a nessuno", fu la risposta rivelatrice.

"E se non piaci a nessuno, cosa significa questo per te?" Insistetti ulteriormente, approfondendo le convinzioni fondamentali.

"Non ho più niente in mente", ha ammesso il partecipante, raggiungendo un punto di incertezza.

"Bene, perché ora stiamo arrivando da qualche parte che non conosci." Osservai, riconoscendo l'emergere di emozioni inesplorate.

"Cosa ti piace del fatto di non avere nessuno intorno e di poter stare da solo e non essere niente?" chiesi, cercando di far emergere le motivazioni nascoste.

"Allora potrò fare quello che voglio", ha rivelato il partecipante, mettendo in luce un tema ricorrente.

"Quindi questo ha qualcosa a che fare con i soldi?" ho chiesto, stimolando una riflessione sul collegamento tra i modelli osservati e le esperienze finanziarie dei partecipanti.

No, ma lo proiettò sui soldi, quindi il suo intero motto era di stare da sola e fare quello che voleva. Doveva proiettare tutto questo sui soldi, tutta questa dinamica di arrivare all'ultimo momento con tutta la grande catastrofe e il dramma e ottenere soldi e chiedere prestiti e avere persone che glieli davano, e poi doverli restituire. Ha messo i freni per mantenere il controllo.

Forse dovresti scegliere di farlo con i vestiti invece che con i soldi.

È come dire: "Lasciatemi prendere la cosa stessa su cui questa realtà si concentra e funziona e creare una tale lotta e dramma e trauma su di essa in modo che io non possa mai realmente andare oltre, e non entrare mai in una relazione con essa, e non essere mai un suo alleato, in modo che io possa sempre essere in lotta con la cosa stessa su cui questa realtà pulsa. Salute."

Quanti di voi lo fanno anche voi? Volete più controllo, più potere nella vostra vita, ma lo state solo proiettando sulle vostre finanze. Anche questo è abuso finanziario. E dovete riconoscere il vostro comportamento e lavorare per raggiungere una trasformazione.

22

QUAL È LA RISPOSTA GIUSTA?

Quando mio padre è morto, mi ha lasciato un disastro da ripulire, un disastro oltre ogni limite, e sto ancora ripulendo. Grazie a Dio è quasi finito.

Tuttavia, quando era in vita, lo disse molto chiaramente: "Voglio che tutti voi lo abbiate e lo usiate, e mi piacerebbe vedervi tutti usarlo e averlo, e come posso supportarvi?"

Lui ha fatto il piano. Noi semplicemente non gli abbiamo dato ascolto.

Ma aveva un problema: non poteva avere nulla.

Doveva darlo a tutti. Lo diede a mia madre, lo diede a me, a mio fratello e a mia sorella. Pagò molti matrimoni dei miei cugini. Pagò i matrimoni di altre persone.

Lui era un donatore davvero generoso, ma lo faceva perché non riusciva a credere di meritare nulla.

Ma cosa significa avere denaro in questa realtà?

Alcuni di noi pensano che se hai soldi, sei al sicuro. Bene, conosco molte persone con soldi, e cose terribili succedono loro comunque.

E se non hai soldi, non sei al sicuro? Beh, conosco molte persone che non hanno molti soldi e non c'è niente di sbagliato nella loro vita. Sono semplicemente felici.

Quindi, tutte queste cose che le persone proiettano sono intuizioni, giudizi e punti di vista concepiti per controllarti e adattarti al punto di vista di qualcun altro.

Quando ti adatti alla visione di qualcun altro, dove ti collochi?

Non lo fai.

Quanto hai abdicato alla tua realtà finanziaria per adattarti a questa realtà finanziaria? Sei uno di quelli che vogliono risparmiare per un giorno di pioggia? È una buona idea risparmiare per un giorno di pioggia?

Qual è la risposta giusta?

Quando ho tenuto il mio workshop Lies of Money in Florida, è stato fantastico, e tutti continuavano a chiedere "allora qual è la risposta giusta?". L'ho trovato divertente e mi sono chiesto se fosse una cosa della Florida. Per sapere la risposta giusta.

Be', è bello e brutto pensare così. Perché ti dico che sono probabilmente la persona peggiore a cui rivolgersi se stai cercando la risposta giusta. Ti farò impazzire: non esiste una risposta giusta. È ciò che è vero, leggero e giusto per te.

Quindi essere curiosi riguardo alla cosa giusta e leggera è una cosa buona, ma non è una cosa universale e oggettiva. La cosa giusta e leggera è soggettiva e unica per ognuno di noi.

È come il sistema scolastico in questo paese che dice: "Ottieni questa risposta, inseriscila nella casella, ottieni una A. Se sbagli così tanto, ottieni una B, se sbagli così tanto, ottieni una C, se sbagli così tanto, ottieni una D".

Oppure, se studi geometria come me, ti bocciano ripetutamente e prendi un tutor finché non passi, giusto?

Questa è la realtà. Devi avere la risposta giusta per andare avanti.

Non è diverso dal bisogno di avere soldi per avere autostima, per essere qualcosa di migliore.

Quindi, tornando al risparmio per un giorno di pioggia. Chi ci ha insegnato questa idea? Be', non abbiamo più tre o quattro o sette anni, e dimentichiamo che possiamo scegliere cosa è leggero e giusto per noi.

Quelle Cabbage Patch Dolls... mi hanno mai chiesto di loro?

No, volevo GI Joe, accidenti!

Amavo Superman, amavo giocare a calcio, amavo andare in città.

Ho fatto la modella per bambini in città, ma non volevo fare la modella. Mi piaceva il giro in elicottero, ma la modella faceva schifo perché dovevi stare lì in piedi e indossare qualsiasi cosa volessero che indossassi.

Non c'era scelta.

Mia madre lo voleva, lo volevano loro. Ti alzi, lo fai. È così che molte persone si ammalano di malattie mortali, e così tante relazioni finiscono in modo orribile, e le persone hanno problemi di flussi di denaro, perché stiamo tutti scegliendo di creare la nostra vita in base a qualcosa o al punto di vista di qualcuno che in realtà è una bugia per noi.

E io dico, "ROAR®. Non più". Sii il rombo.

Sii lo tsunami, il terremoto.

Sii il flusso che altera la realtà fisica solo con la tua presenza. Dì "Sì" quando intendi sì, "No" quando intendi no.

Smettila di credere che il denaro sia la radice di tutti i tuoi problemi. Smettila di credere a qualsiasi cosa ti abbiano detto sul denaro. Dì semplicemente: "Accidenti, se questa è la mia realtà finanziaria, cosa sarebbe

Io scelgo? Se vivessi la mia realtà finanziaria oggi, chi sarei?"

Perché allora, almeno sai di essere nel presente. Sto dicendo di non salvare?

NO.

Quello che dico è di non incarnare, configurare, allineare, accettare, resistere o reagire a nulla che non sia il tuo "Sì": quello è leggero, giusto e divertente per te.

Sii te stesso, al di là di ogni cosa, e crea la magia.

23

BRILLANTE CON I SOLDI

Tutto quello che devi fare è porre una domanda, e il gioco è fatto.

Sono come un cane con un osso quando si tratta di facilitazione. Mi piace smontarlo, strapparlo a destra e a manca e dissipare il problema, e tirarti fuori da lì il prima possibile e portarti in qualcosa di nuovo.

Quindi, cominciamo questo capitolo con qualche altra domanda.

Vorresti avere più contanti?

Vorresti avere meno soldi?

Provenite da famiglie molto ricche?

Provenite da famiglie in cui ci sono grandi difficoltà e conflitti per quanto riguarda i soldi?

Nei miei workshop in giro per il mondo, la maggior parte delle persone alza la mano su quest'ultima domanda. Ognuno di noi proviene da una sorta di conflitto o lotta o situazione problematica riguardo al denaro. Questa è la maggior parte dell'esperienza, definizione , prospettiva e comprensione di questa realtà riguardo al denaro.

È tempo di aprire la porta a una nuova possibilità.

L'argomento denaro ha molte proiezioni, giudizi, separazioni, aspettative, risentimenti, rifiuti e rimpianti ad esso collegati. Quelle energie attorno al denaro colorano ciò che riguarda l'energia del denaro.

Dal mio punto di vista, l'energia del denaro riguarda libertà, espansione e consapevolezza. Riguarda la luce, la pienezza e la libertà del dono unico e della capacità di essere nel mondo, e di essere quello nel mondo e fare qualsiasi cosa tu faccia, qualsiasi cosa tu ami fare che sia facile e divertente per te. E, cosa più importante, che tu sia nel mondo dove le persone qualificate in modo unico per lavorare con te vengono da te, ti ricevono e tu ricevi loro e collabori per loro conto.

Avere soldi è la libertà e la possibilità espansiva di cambiare questa realtà secondo ciò che è leggero, giusto e divertente per te. Cosa vorresti essere e fare se avessi tutti i soldi che desideri?

Cosa sceglieresti?

Ciò che ho scoperto nella mia vita è che è facile per me generare e creare denaro. È stato difficile, fino agli ultimi due anni, avere denaro e permettermi di averlo in modo costante e continuo con investimenti, viaggi, divertimento, piacere e viaggi in tutto il mondo.

Quindi, generare e creare era facile per me, ma avere, conservare, era qualcosa che dovevo coltivare. È qui che mi è venuta la mia prima bugia sui soldi: che potevo solo generare e creare e non avere. Ora, l'ho creata io stessa?

No. Stavo imitando la realtà di mio padre.

Mio padre era un povero ragazzo cresciuto da un alcolizzato ed era un multimilionario self-made, ma ha sperperato tutto perché mi diceva sempre: "Ero un povero ragazzo di Brooklyn. Non mi aspettavo di guadagnare niente. Non me lo sono mai meritato. Non avevo nessuno. Non avevo nessuno che mi dimostrasse mai qualcosa di gentile, e tutto ciò che voglio è che voi ragazzi (cioè mio fratello, mia sorella, mia madre e io) abbiate tutto ciò che volete finché siete vivi. Voglio che sia tutto speso prima che io muoia perché non lo merito".

Non poteva avere niente per sé, ma poteva dare qualcosa di sé a chiunque. Quindi, era davvero generoso . Ogni volta che andavamo alle partite, dicevo: "Papà, vieni a sederti con noi. Vieni a stare qui".

"No, voi ragazzi divertitevi. Io mi sto divertendo un mondo. Mi piacciono le vostre facce felici", diceva. Scattava foto e faceva tutte quelle cose. C'era solo questa tristezza per il fatto che era fantastico averlo lì e fare tutto questo, ma, da bambino, desideravo davvero averlo lì, per godermela oltre che per i "cinque alti" di un goal o di un touchdown o "Ehi, ci serve una birra" o "Ehi, ci serve un hot dog".

Qualunque sia quell'energia di scegliere di non avere, ma sapere di poter creare e generare, questo è un doppio legame. Il centro del doppio legame è il denaro. Un lato è "Non posso avere. Non merito di avere. Non sono abbastanza bravo per avere" o una versione di questo. L'altro lato è "Desidero che tu abbia".

"Cos'altro posso darti? Lasciami fare questo. Lasciami fare quello."

Sono cresciuto a New York e sono andato a scuola nel Connecticut. I miei amici venivano a casa mia e tornavamo insieme al college. I loro papà dicevano: "Ecco i tuoi 20 dollari", e mio padre diceva: "Ecco qualche centinaio?"

Ne ero così imbarazzato che non avevo idea di come conservarlo o usarlo. È stata l'esperienza più casuale. È davvero una bella storia. Amo parlare di lui perché proprio lì vicino ho sparso le sue ceneri. Ecco perché amo tornare a San Francisco.

Ho vissuto a San Francisco per più di vent'anni. Ho avuto una clinica e uno studio lì per molti anni. È un posto molto significativo per me, e questa è la prima volta che sono così vicino al luogo in cui ho lasciato andare le sue ceneri. È stato molto bello essere qui.

Comunque, ho sperperato un sacco di soldi. Ero la regina delle bugie del denaro.

Pensavo che la regola fosse "o fai le cose in grande o torni a casa". Questa è una delle cose che mi ha insegnato a mio discapito.

Un'altra cosa era che, ogni volta che gli chiedevo soldi, o come crearli, lui diceva: "Va bene, Lisa. Ricorda cosa ti ho detto . Fai ciò che ami... E, mentre ti parlo, non sposarti nemmeno. Ma se lo fai, non fare la cosa degli opposti che si attraggono perché non funziona".

Ho pensato: "Grazie papà".

Il punto è che quando gli chiedevo dei soldi, lui dava e basta. Per anni, non ho mai imparato ad avere soldi da sola, o a generarli e crearli, anche se lui mi diceva ripetutamente che non è solo un mondo da uomini, sii il tuo capo.

Ha avuto una tale influenza sulla mia vita, e quando se n'è andato è stato un po' un peccato. Ha fatto un'altra cosa strana con i soldi, che era un doppio vincolo. Puoi creare qualsiasi cosa desideri, ma io sono la fonte. Non l'ha detto, ma è quello che ho interpretato, modellato e generato. Mi ci è voluto molto tempo per riavere indietro me stesso finanziariamente.

Facciamo un passo verso le infinite possibilità, la molteplicità di possibilità che si presentano sul nostro cammino, che sono luminose e giuste, e dire "no" quando ci si presenta qualcosa che sappiamo essere una bugia.

24

PUNTARE IL DITO

Abbiamo fatto questo esercizio più volte in questo libro, e voglio che ci riflettiate ancora una volta. Ogni volta, vi ho chiesto di immaginare di andare in terapia di coppia con i vostri soldi, cosa pensavate di dire?

Non farlo!

Non farlo!

Fai questo o quello!

Bene, vedi la prima parola che tutti immaginano nella terapia di coppia? "Tu!"

Sai che quando punti il dito, stai svalutando e rinnegando ciò che è vero dentro di te. Ciò crea quel giudizio che proietti fuori di te.

Se qualcuno non è felice in una relazione, potrebbe voler rileggere questa parte.

Quando indichi, stai giudicando. E, quando giudichi, stai davvero prendendo ciò che è tuo e non lo tieni come la tua verità e fai qualcosa con esso per cambiarlo. Lo stai mettendo sul denaro, sulla persona, sulla relazione, sul lavoro, sull'attività, su qualsiasi cosa.

Qual è lo scopo di accusare qualcun altro di ciò che tu, te stesso, stai facendo? Probabilmente, per non dover mai guardare te stesso e ciò che stai facendo? Non devi mai cambiare ciò che stai facendo, così tutto può rimanere uguale con ciò che tu e te state facendo. Puoi sempre avere la stessa storia: "Non importa quanto ci provi, niente funziona mai per me. Ci ho provato".

Hai un programma segreto o una bugia per mantenere le tue convinzioni sui soldi invariate senza metterle in discussione, e non arrivi mai allo specchio, che sei tu. Invece, giochi a un gioco di accuse senza fine senza risultati.

Ora lasciatemi condividere qualcosa in più sulla seconda bugia del denaro: "Cosa stai diventando?" Per me, significava non avere soldi, ma in un certo senso abbuffarmi e poi liberarmene, usando mio padre come fonte durante l'infanzia.

Ricordo quando vivevo in Arizona e stavo conseguendo il master. Gestivo un centro di cura residenziale dove guadagnavo 30 $ l'ora. A quel tempo, il mio modo di relazionarmi con i soldi e le persone era dire: "Pago io. Vieni fuori".

E mettevo i soldi al centro del tavolo, non solo una banconota da 100 dollari, e uscivamo finché non finivano tutti quei soldi.

Cosa stavo diventando?

Mi comportavo come un padre senza nemmeno saperlo.

Poi ho iniziato a entrare davvero nella sua psicologia, perché l'unico modo in cui mi collegavo era attraverso i soldi. Se non avessi avuto soldi, nessuno avrebbe voluto uscire con me, essere amico e semplicemente stare con me. Che sistema di credenze folle e insidioso!

Nessuno me l'ha detto. L'ho creato io perché è quello che mio padre ha lasciato intendere a modo suo. Pensava di non essere amabile. Non pensava di meritare nulla. E lo pensavo anch'io, ancora e ancora e ancora e ancora e ancora per anni. È andata così finché non è successo qualcosa.

Ricordo bene quel giorno.

Il giorno in cui ho visto quello Zero sul conto in banca.

Sono andata nel panico. Ero sotto shock e non avevo nessuno da chiamare perché ero troppo imbarazzata per chiamare mio padre dopo tutti i soldi che mi aveva dato. Di certo non avrei chiamato mia madre perché sapevo che sarebbe finita con una litania di parolacce italiane e oltre.

Cosa stai diventando?

Ero mio padre, ripetutamente. Poi c'era questa solitudine che mi colpiva, anche quando eravamo fuori a far festa o cose del genere. Non era più divertente perché non ero me stesso. Ero lui, e puoi essere qualcosa solo un paio di volte prima che il tuo circuito mentale si spenga e non possa più essere usato. È lo stesso con le dipendenze. Arrivi a un certo livello, ma poi quell'euforia se ne va e devi passare al livello successivo. Il tuo livello di tolleranza cambia.

Hai bisogno di altro, hai bisogno di altro e hai bisogno di altro. Ho deciso, per fortuna, che ciò di cui avevo più bisogno era scoprire chi ero e chi stavo diventando. Avevo bisogno di scegliere di lasciar andare l'essere lui. E questo è arrivato con un intero vaso di Pandora. Dovevo lasciar andare il suo amore per gli affari? Il suo amore per gli affari era sano? Ed è davvero il mio amore per gli affari o quello che stavo imitando del suo?

Era il suo amore per i soldi o il mio amore per i soldi? Ero in banca e alla scuola di commercio al college per colpa mia o per colpa sua? Dovrei studiare psicologia o dovrei lavorare nel mondo degli affari a New York come la mia famiglia, giusto?

Non sarebbe mai successo. Ricordo di aver guardato fuori dalla finestra della mia camera da letto e di aver visto tutti, donne e uomini, che camminavano verso il treno perché abitavo proprio in fondo alla strada dalla stazione ferroviaria. E indovinate un po'? Nessuno sorrideva al lavoro. Mi ero promesso che non avrei mai desiderato di crearmi una vita in cui non fossi felice di fare la mia attività o non ne fossi entusiasta ogni giorno.

Chi erano?

Una volta, nel mio workshop, la conversazione ha preso una piega verso stabilità e prevedibilità, con un partecipante che ha rivelato di incarnare quei tratti. Abbiamo esplorato l'origine di questa convinzione, che è stata fatta risalire alla madre. Stabilità e prevedibilità sembravano note e sicure, con un budget fisso e chiaro.

Scavando più a fondo, abbiamo scoperto che questa convinzione era radicata nel sé di otto anni del parteci-pante. Si era formata allora, e loro la conservavano ancora. Ci siamo resi conto che il partecipante aveva obbligato il sé più giovane a gestire la propria realtà finanziaria. Abbiamo esplorato i vantaggi e gli svantaggi di questo approccio. E sicuramente nessuno vorrebbe che un bambino gestisse le proprie finanze.

Quindi, la conversazione si è spostata verso la liberazione da questo obbligo, concedendo all'ottoenne un pacchetto di buonuscita di divertimento, libertà e responsabilità da adulto. L'energia della sala si è alleggerita quando il partecipante ha abbracciato la prospettiva di una nuova, potenziata prospettiva finanziaria.

Dietro la facciata di stabilità e prevedibilità dell'approccio finanziario della madre, abbiamo scoperto una corrente sotterranea di paura e ansia. Il partecipante aveva inconsapevolmente interiorizzato queste emozioni, etichettandole erroneamente come sicurezza.

Questa consapevolezza ha spinto a un profondo cambiamento di prospettiva, liberandosi dalle ancore del denaro dell'infanzia. Il partecipante ha iniziato a capire che la sua realtà finanziaria non era così terribile come pensava. Ha segnato un momento di trasformazione, aprendo la possibilità di un rapporto più sano con il denaro.

Quindi, chiediti: stai lasciando che il bambino-te governi la tua banca? O sei tu a comandare?

25

BRILLANTEZZA CON I SOLDI

E se uscissi da qui senza nient'altro se non te stesso e lo spazio in cui sei tu?

Se avessi una bacchetta magica e fossi te stesso, cosa sceglieresti adesso?

Ti occuperesti tu del budget o chiederesti a qualcuno di collaborare con te e mostrarti qualcosa che potrebbe divertirlo?

Ho trovato questa donna che ama i numeri e mi parla in numeri. Mi rende tutto così chiaro su tutti i miei conti e tutto il resto, e mi ha fatto conoscere tutta questa faccenda di QuickBooks online. È fantastico. Quella costrizione si è appena aperta.

E sto iniziando a sentirmi così espansivamente generativa solo sapendo che lei si sta occupando di tutto per me, e che posso parlarne con lei. Quindi, quando chiede qualcosa, c'è un'eccitazione di "Sì. Eccolo", o quando dice "Guarda questo", io dico "Sì, facciamolo".

C'è questa eccitazione in tutto questo, mentre dopo la morte di mio padre e quando non l'ho più avuto come fonte, ero totalmente terrorizzata. Non sapevo cosa fare. Dovevo creare la mia realtà finanziaria, per la prima volta.

Oggi sono felice di dove sono, guidato dalla giusta energia.

Lo so subito quando si tratta di un "No, vattene da qui, non ti richiamo nemmeno".

So quando c'è un'apertura e dico, "Questa è roba mia. Ho bisogno di lei o di lui."

Sai cosa intendo? Lo so adesso. Non lo sapevo allora perché ero al di sotto del sistema di credenze di mio padre.

Quindi, se dopo aver letto questo te ne vai sentendoti un po' più leggero, più espansivo e più libero, bene. Se ti senti male e te ne vai da qui pensando, "Oh, merda. Ho delle cose da fare", bene perché almeno allora stai riconoscendo le bugie.

Chi sei? Cosa sei? A quale/i bugia/e stai credendo? Ricorda, il chi è generalmente qualcuno, il cosa è un'energia. E la bugia è una convinzione instillata da quel qualcuno o da quell'energia che ancora percepisci come vera.

Ci sono così tante barriere culturali anche per mettere in ordine la tua realtà finanziaria. Lasciami condividere un'altra interazione dal mio workshop Lies of Money. Quindi, stiamo parlando di soldi e l'atmosfera stava diventando interessante. All'improvviso, un partecipante russo ha lanciato questa bomba: "È sbagliato avere soldi". Abbiamo deciso di giocarci un po', dicendolo in inglese e poi in russo. Sorprendentemente, la versione russa sembrava più leggera, più eccitante.

Abbiamo approfondito il modo in cui le visioni culturali hanno plasmato le convinzioni sul denaro. A quanto pare, la prospettiva russa è sembrata più libera per il partecipante. Poi, abbiamo colto qualcosa di grosso: l'idea che "male" sia semplicemente "vivo" scritto al contrario. Eravamo sulla strada giusta.

Il partecipante ha parlato della negatività che circonda il denaro nella sua comunità russa. È stato frustrante. Abbiamo esplorato la convinzione che il denaro sia malvagio e abbiamo scoperto un conflitto profondo. Si sono resi conto di essere bloccati nel giustificare il fatto di non vivere veramente, come la loro mamma, e questo non era bello.

Questa chat ha evidenziato come le convinzioni sul denaro, la cultura e le esperienze personali fossero tutte intrecciate. Il mio compito era porre domande che li facessero riflettere. L'obiettivo? Aiutarli a vedere il denaro sotto una luce nuova e stimolante.

Questa conversazione ha dimostrato che mettere in discussione ciò che pensi del denaro può renderti libero. È un viaggio verso un rapporto migliore con la ricchezza. E ha dimostrato che cambiare il modo in cui vedi il denaro può aprire le porte a più abbondanza e felicità.

Ripensando al nostro discorso, mi rendo conto del motivo per cui sono qui: aiutare persone come il partecipante a liberarsi dalla vecchia mentalità basata sul denaro e ad andare verso un futuro più luminoso ed entusiasmante.

Quante di queste convinzioni hai sentito: Che il denaro è il male? Che non puoi andare oltre la tua posizione nella vita? Se guadagni più della tua famiglia, verrai bandito o esiliato? O non sarai più amato se hai più dei tuoi amici o della tua famiglia?

E quanto di ciò che stai facendo è rinunciare alla tua competenza finanziaria per qualcosa che non sei nemmeno tu?

Perché se ti chiedessi questo, oltre alla tua mente e al di là dei tuoi conti in banca, sapresti di essere un genio con i soldi?

Qualcuno non lo sa? È vero?

Va bene, non ti metterai nei guai. Dì: "Sono un genio con i soldi".

E se stai esitando, allora quando hai smesso di essere brillante? Chi eri quando hai smesso? Cosa eri? Cosa eri quando hai smesso? A quale bugia stai credendo?

Perché ecco il punto. Se eri brillante con i soldi una volta, sei ancora brillante con i soldi in questo momento. È solo nascosto.

Sembra un po' una teoria del complotto, ma è solo un modo per mettere ordine nella tua realtà e tenerti giù. Ecco cosa fa questa realtà. Ti mette in una scatola e si libera di te. È come i giocattoli per bambini con cui giocavi quando hai iniziato a imparare cerchi e quadrati, e prendevi il cerchio e cercavi di sbatterlo nel quadrato. È come dire "il denaro è il male" e "non sono bravo con i soldi". E continui a ripeterlo più e più volte, ma il cerchio non entra mai nel quadrato perché tu sei il cerchio. Il cerchio entra nel cerchio perché sei brillante. Tu sei un cerchio.

Ha senso? Quindi, sei bravo con i soldi?

Sì? E rinunceresti a un solo grado di ciò che hai scelto di non essere.

Qualunque sia l'emozione che ti fa rinunciare, cavalcala come se stessi cavalcando un'onda nell'oceano. Respira con la bocca. Emozione, energia in movimento.

Lavoro con questo brillante trader azionario che sta facendo un sacco di soldi in Australia. Poi è successo qualcosa e ha fatto una cattiva "scelta" e, di conseguenza, ogni scelta successiva è stata cattiva, al punto che ha quasi perso tutto e ha dovuto andarsene e prendersi sei mesi di pausa e fare un sacco di lavoro personale per riacquistare la sua sicurezza.

Fu devastante, devastante per lui e sua moglie. Erano entrambi trader e, all'istante, non riuscivano più nemmeno a sentire o percepire la loro brillantezza. Era sparita.

Quando succede qualcosa del genere, per qualsiasi motivo, perché non importava la storia, e inizi a scegliere più volte l'antitesi di chi sei, inizi a credere davvero alla tua antitesi di chi sei. Ti dimentichi di aver fatto un milione di dollari o di aver avuto successo. Non solo con i soldi, con tutto. E per me, questo è il più grande abuso di questa realtà.

Prende tutta la nostra straordinarietà solo per essere te e la distorce e la trasforma in qualcos'altro che non ti somiglia nemmeno. Poi ti guardi allo specchio e pensi: "Chi cazzo sei?" E poi pensi: "Oh, sì, sono io. Lasciami strisciare nella mia tana. Vivrò in una terra patetica".

Non devono essere vent'anni di terapia con questi strumenti. Credimi, so di essermi liberato di alcune cose. So cosa significa guardare cose che non vuoi mai più guardare o sentire o assaggiare o annusare.

Eppure so che, quando guardo, sono rafforzata perché ora posso avere una scelta totalmente chiara e consapevole. Si può scegliere di ignorare o dimenticare la scelta, ma non gli toglie il potere di scegliere.

Sarà sempre divertente? No.

Avrà il sapore della bile a volte? Sì. Avrà il sapore della bile solo per un po'? Sì.

Non devi passare altri vent'anni a essere qualcosa che non sei e a creare l'anti-te. Puoi passare oggi e ogni giorno da ora a essere te stesso. Essere te stesso, il vero te, la tua impronta dell'anima: questa brillantezza è intrinseca a tutti noi.

Sarebbe accettabile se il tuo corpo non fosse più il contenitore di accumulo per il giudizio di tutti gli altri sulla loro mancanza di volontà di avere soldi? Dì di sì ad alta voce se è così...

Quindi, quando le persone intorno a te si comportano così e ti accorgi che ti stanno prendendo in giro, puoi dire: "Smettila di prendermi in giro, sto scegliendo la mia realtà finanziaria".

È come il tuo scudo superpotente.

Mai, mai, mai rinnegare o privare di potere ciò che ti è stato donato e ciò che hai creato per te. Avere in questa realtà è la capacità di ricevere, specialmente con denaro, a un livello a cui la maggior parte delle persone aspira e non raggiunge mai.

Abbiamo bisogno di più esseri come te per accogliere e realizzare un mondo libero dagli abusi, compresi quelli finanziari.

Quindi, continua ad avere soldi e continua a permettere alle persone, come i tuoi amici, di conoscere davvero, essere, ricevere e percepire la differenza e la capacità unica che sei. È un dono.

La mia compagna viene dai soldi, gestisce i soldi e ha un sacco di soldi. Non è mai, mai, mai rimasta senza soldi.

Avevo mio padre e avevamo soldi, ma ho sempre lavorato per soldi. Ho lavorato fin da quando ero giovane. C'erano anche molti abusi, molte storie.

Ho una storia da modella con soldi pieni di cose pornografiche nell'agenzia per cui lavoravo. È una storia troppo lunga per raccontarla ora, ma avevo un sacco di cose riguardanti soldi e possesso. Non volevo perché erano associati ad abusi e cose del genere. Venivo pagata per fare qualcosa per cui non ho mai visto i soldi.

Quindi stare con lei e imparare come avere soldi, assistere pragmaticamente alla genialità, si è infiltrato nella mia realtà in modi che mi hanno portato a pensare, sentire, sapere, essere e ricevere più soldi, e a migliorare nel prendere decisioni con i soldi semplicemente stando in sua presenza, assistendo e osservando, anche al punto di dire: "Non avrò il Wi-Fi su un aereo perché costa 7 dollari in più".

E penso, "Ok, se qualcuno che ha soldi non vuole fare questo, cos'è? Tipo, davvero, cos'è?" Non è un giudizio, non è tipo, "Sta diventando avara".

Ho davvero bisogno di guardare tutto questo e dire, "Ok, devo viaggiare in prima classe o in business class ovunque? Al mio corpo piace?"

Sono tutte queste cose diverse che ho imparato grazie a lei.

Quindi, chi saresti ora che sai che puoi creare la tua realtà finanziaria? Chi saresti? Cosa faresti e quanto genereresti e creeresti? Verità?

Quando oggi metti giù questo libro, scrivi 25 cose su quella che è la tua realtà finanziaria. Poi creala ogni giorno per i prossimi trenta giorni. Fai un'azione creandola per i prossimi trenta giorni. Fai un'altra azione, creala per i prossimi trenta giorni.

Sii te stesso, impegnati con te stesso, scegli te stesso e collabora con l'universo che cospira per benedire, e poi crea da lì. Questo è ciò che chiamo radicale vivacità. Puoi saperne di più nei miei altri due libri: *Radically Alive Beyond Abuse* e *Creating After Abuse* .

26

ROMPERE LE BUGIE SISTEMICHE

Proprio come diciamo tutte queste bugie a livello individuale, sentiamo anche le bugie a livello di sistema. È interessante notare che uno dei partecipanti al mio workshop di San Francisco ha sottolineato,

" C'è una bugia quando sei nel sistema del dollaro statunitense. Abbiamo bisogno di soldi e li usiamo, ma la valuta che stanno creando e continuano a stamparne di più a causa della Federal Reserve e del Tesoro è in realtà una frode perpetrata contro di noi, perché sta indebitando il nostro futuro e il futuro della nostra prossima generazione. È una spesa fuori controllo. Siamo in trilioni di dollari di debito.

A cosa è collegata l'energia, dove riceviamo questi dollari di carta per il nostro lavoro, una cambiale, ma è una bugia. Nel 1971, era collegata al Gold Standard. Ma loro l'hanno interrotta e hanno stampato denaro come se non ci fosse un domani, e ora siamo a un punto del mondo in cui..."

Sapevo cosa stava dicendo, c'è molta verità in questo. Ma il punto di preoccupazione era quanto di ciò che aveva detto incarnasse la sua resistenza e reazione contro la ricezione di denaro e la sua comparsa sul suo conto in banca?

Ecco come stava usando quell'atto contro se stessa.

Anche se diceva la verità, era diventata parte del crimine non permettendo a se stessa di avere ciò che le apparteneva e di contribuire a smantellarlo, a cambiare il mondo, a sbarazzarsi della Monsanto, se avesse avuto i soldi.

Eliminiamo e sradichiamo gli abusi su questo pianeta avendo e usando il denaro per cambiare le realtà. Se non ricevi, diventi parte del problema, non della soluzione.

Dobbiamo guardarci intorno ed essere gli agenti del cambiamento nelle nostre vite. Per me, la mia realtà finanziaria si prende cura del mio corpo. È stato un vero e proprio grande lavoro in corso ascoltare il mio corpo. La mia realtà finanziaria è avere. Il mio conto del dieci percento moltiplicato per tre : conto corpo, business e conto auto-onorante. L'idea è di risparmiare - ricevere - il trenta percento di ogni dollaro che guadagni e spendi in un conto separato per corpo, business e sé.

La mia realtà finanziaria significa che andrò in giro per il mondo ovunque mi venga chiesto di fare lezioni. La mia realtà finanziaria fa un programma radiofonico Voice America che è un lavoro d'amore che costa tra i trentamila e i cinquantamila dollari all'anno. È una risorsa gratuita perché so che quando ricevo quella chiamata da Dubai o dal Pakistan o dall'India, dall'Australia, da Hong Kong, da Israele o da qualsiasi altra parte, e aiuto una persona a uscire dalla gabbia degli abusi per portarla alla vitalità radicale, trasformando il suo trauma in una vita orgasmicamente viva, so di aver toccato quella terra e quel paese.

So che Internet è accessibile ovunque e non ho intenzione di fermarmi se continuerà a far parte della mia realtà finanziaria.

Quanto di ciò che ho detto riguarda i soldi? Questo capitolo è un promemoria per creare la tua realtà. Questo libro è per ricevere te stesso come un dono. Finanziariamente, ricevere te stesso come un dono è una forma di amor proprio. L'amor proprio è il salvatore della mia realtà finanziaria. Lavorare per avere, ricevere, risparmiare, garantire e creare la mia intera realtà dall'autenticità e dalla genuinità è l'obiettivo più alto della mia vita spirituale. E francamente, scelgo di vivere Radically Alive, libero da qualsiasi limitazione che non è mai stata mia in primo luogo. E tu, caro lettore? Qual è la tua realtà finanziaria?

Vi ringrazio tanto per il vostro tempo. Per quelli di voi che ho toccato per la prima volta, grazie per aver letto. Per quelli di voi che conosco molto bene, grazie. Apprezzo il vostro tempo. Apprezzo la vostra attenzione. Apprezzo voi.

Spero che tu l'abbia trovato fruttuoso. Spero di essere stato un contributo per te, e spero di riuscire a sentire i tuoi commenti su questa lettura.

Sii te stesso! Oltre ogni cosa! Crea magia! E vai, sii, crea!

POSTFAZIONE

Nell'introduzione ti ho detto che avevi tra le mani una miniera d'oro e spero che ora tu possa capirne il motivo.

La verità è che non c'è semplicemente alcuna ragione per cui non puoi creare tutto il denaro che desideri se hai il coraggio e la volontà di guardare "sotto il cofano" della tua realtà finanziaria. E in questo libro, ti ho mostrato un modo e ti ho dato gli strumenti per iniziare il processo di esame delle tre bugie del denaro.

La prima bugia è che il denaro è Dio e tu sei inferiore.

La seconda bugia è che il denaro è il tuo carnefice, il tuo eterno carceriere, e non puoi averlo.

La terza menzogna è che il denaro sia un problema.

E anche se queste non sono certo le uniche bugie del denaro, sono sufficienti per iniziare.

Ricorda, devi spostarti solo di un grado, giusto?

Sono sicuro che hai notato che ci sono molte, molte domande profonde che puoi porti per svelare tutto ciò che sta succedendo intorno al denaro e, spero, che te le sia posto mentre leggevi questo articolo, o che le abbia contrassegnate per tornarci sopra in seguito.

(Tuttavia, se non l'hai fatto, o se pensi di aver bisogno di più aiuto in merito, dai un'occhiata all'Appendice dove ho elencato altre risorse che ho a disposizione. Ce ne sono un'infinità, e sono tutte progettate per aiutarti a raggiungere il tuo ROAR®, la tua realtà radicalmente, orgasmicamente , viva.)

Ogni volta che ti trovi in difficoltà e vuoi uscirne, inizia a porti queste tre domande essenziali:

- *Chi sono?*
  - *Cosa sto diventando?*
  - *A quale bugia sto credendo e che ho trasformato in realtà?*

Quindi, quando scoprirai la verità per te stesso e libererai la tua energia, vorrai andare avanti nella tua vita con le "4 C":

- *Impegnati con te*
  - *Scegli per te*
  - *L'Universo sta cospirando per benedirti e vuole collaborare con te*
  - *Crea te stesso*

Una volta che inizi a scegliere ciò che è luminoso e proprio davanti a te, e segui quell'energia, il denaro ti seguirà per via di ciò che è dentro di te.

Quindi, come ho detto agli altri...

Ti sfido doppiamente a essere lo tsunami o il terremoto che cammina, parla, altera la realtà semplicemente con la tua presenza, a essere il tuo ROAR® (Realtà Radicalmente Orgasmicamente Viva).

Sii te stesso, al di là di ogni cosa, e crea la magia.

DOTTORESSA LISA!

La dottoressa Lisa Cooney, una pioniera della trasformazione personale!

Come terapista matrimoniale e familiare autorizzata, Master Theta Healer e dinamo a tutto tondo, è la mente dietro Live Your ROAR! Be You! Beyond Anything! Creating Magic! La dott. ssa Lisa ha guidato innumerevoli anime in un viaggio dai momenti difficili, come le lotte infantili, all'abbraccio di una "Radically Orgasmically Alive Reality" (ROAR®).

Con un dottorato in psicologia e un bagaglio pieno di doni straordinari, tra cui Reiki, Theta Healing, Termometria, Terapia del respiro, Psicodramma, Terapia dei sogni, Spiritualità socialmente impegnata, Ipnoterapia centrata sul cuore e Ipnosi profonda basata sullo sciamanesimo, la Dott.ssa Lisa è un'esperta certificata.

La magia della Dott. ssa Lisa deriva dal suo personale percorso di guarigione, che l'ha portata a superare non solo i problemi dell'infanzia, ma anche a sconfiggere una malattia mortale. Al centro dei suoi insegnamenti trasformativi ci sono quattro principi d'oro: Scegli per te, Impegnati con te, Collabora con le benedizioni cosmiche e Crea la vita che desideri, in sostanza, le 4 C per una trasformazione strepitosa.

Guru ricercato e giramondo, la Dott. ssa Lisa tiene lezioni, workshop e discorsi elettrizzanti in tutto il mondo. Nota per il suo vivace mantra "Ce la farò !... Non importa cosa!", la Dott. ssa Lisa insegna alle persone come cavalcare le onde dell'energia magica e creativa per una vita che non è solo leggera e giusta, ma decisamente deliziosa.

Puoi trovare la sua presenza vivace nel suo show su Voice America Empowerment Channel, dove ogni settimana si collega a migliaia di ascoltatori entusiasti. Puoi anche leggere i suoi altri libri di successo internazionale, tra cui *Radically Alive Beyond Abuse* e *Creating After Abuse* .

www.ingramcontent.com/pod-product-compliance
Lightning Source LLC
Chambersburg PA
CBHW071936150726
47999CB00001B/222